Wolf Wondratschek
Im Dickicht der Fäuste
Vom Boxen

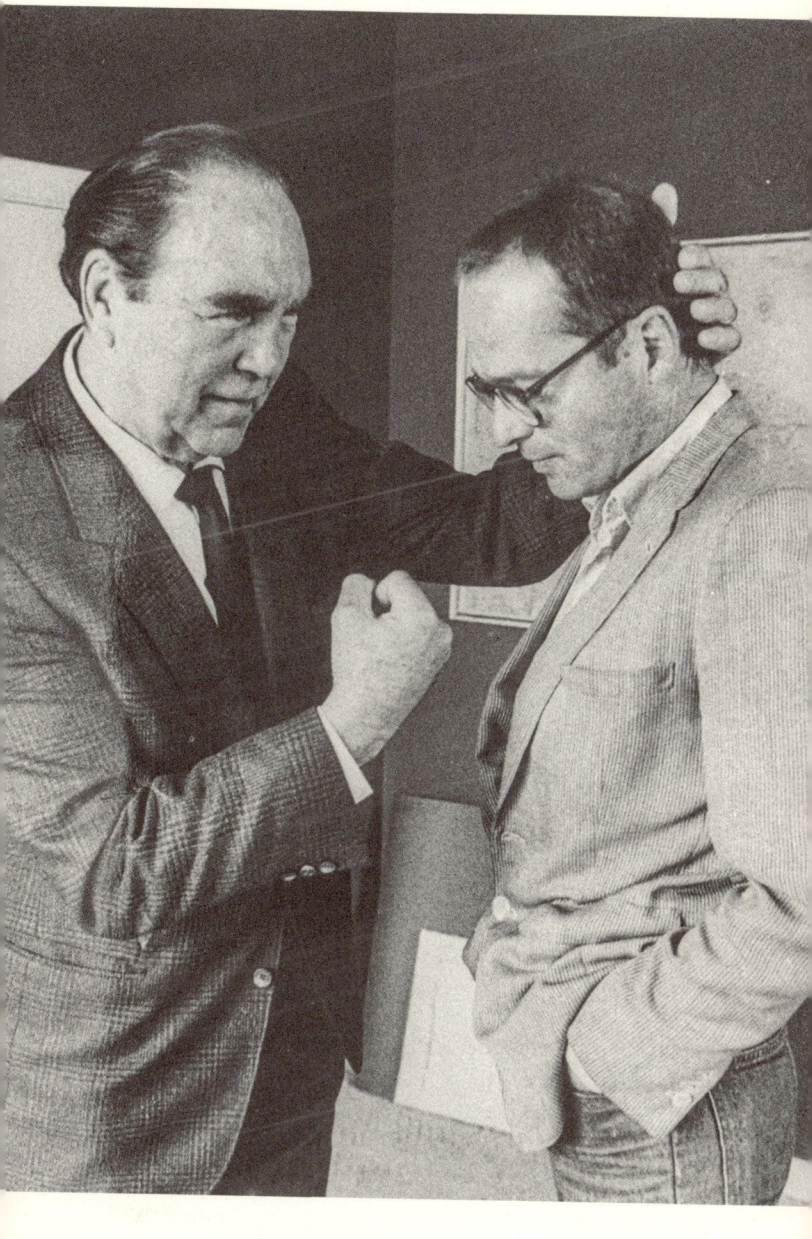

Wir verpflichten uns zu Nachhaltigkeit

- Klimaneutrales Produkt
- Papiere aus nachhaltiger Waldwirtschaft und anderen kontrollierten Quellen
- ullstein.de/nachhaltigkeit

MIX
Papier
FSC FSC® C083411

ISBN: 978-3-550-20195-0

© Wolf Wondratschek (2021)
Erweiterte Neuausgabe der unter dem Titel
Im Dickicht der Fäuste. Vom Boxen im Jahr 2005
erschienenen Textsammlung
© dieser Ausgabe by Ullstein Buchverlage GmbH,
Berlin 2021
Alle Rechte vorbehalten
Umschlaggestaltung: brian barth, berlin
Gesetzt aus der Fairfield
Satz: Pinkuin Satz und Datentechnik, Berlin
Druck und Bindearbeiten: CPI books GmbH, Leck

WOLF WONDRATSCHEK

Im Dickicht der Fäuste
Vom Boxen

Erweiterte Neuausgabe

Ullstein

Dem Tänzer Ivan Liška!

Guter Mann, wenn ich dir sage,
daß eine Fliege einen Pflug ziehen kann,
frag mich nicht wie –
spanne sie an.

Muhammad Ali

Dieser silberne Würfel inmitten des dunklen riesigen Ovals, wo dichtgedrängte Reihen zahlloser menschlicher Gesichter den Zuschauer von oben an reife, auf schwarzem Grund ausgestreute Maiskörner erinnern – dieser silberne Würfel schien nicht mit Hilfe der Elektrizität erhellt zu sein, sondern durch die konzentrierte Kraft aller Blicke, die sich aus der Dunkelheit heraus auf ihn richteten.

Vladimir Nabokov

Englische Schwergewichtsmeisterschaft in der Royal Albert Hall in London am 30. 11. 1933, Kampf Len Harvey gegen Jack Petersen

Reportagen,
Stories

Im Dickicht der Fäuste

»You German?« ... Den Männern mit den breiten Nasen fällt dazu immer nur eine Geschichte ein. Es ist eine alte Geschichte, aber sie erinnern sich gut.

New York City, 19. Juni 1936 – eine rabenschwarze Nacht. Max Schmeling besiegt Joe Louis; mehr noch und schlimmer: Er knockt ihn aus. Der Favorit liegt im Ringstaub. Die Arme des Ringrichters breiten sich aus über ihm wie die Flügel eines Todesengels. Die Sensation ist perfekt. Die Männer, die sich erinnern, sehen noch heute aus, als hätten sie in dieser Nacht eine Menge Geld verwettet. Aber sie finden bestätigt, was sie immer gewußt haben: *you never know.*

In jener Nacht siegte Max Schmeling, ein weißer Mann, ein Berufsboxer aus dem Reich der nahenden Apokalypse, ein Mann ohne Chance, angeblich jedenfalls.

Was hat er vor dem Kampf vor sich hin gemurmelt? »I zee zumting. I zee zumting.« Aber was sieht er? Was will er? Er will gewinnen. Und was er sieht, ist seine Chance, die Chance seines Lebens.

As the heavyweights go so goes boxing.

»Wenn ich abtrete, wird das Boxen wieder in der Versenkung verschwinden. Die Fans mit den Zigarren und den Hüten im Genick werden noch kommen, aber nicht mehr die Hausfrauen, der kleine Mann auf der Straße und die ausländischen Regierungschefs. Es wird wieder die alte Geschichte sein: Ein Boxer kommt in die Stadt, riecht an einer Blume, stattet dem Krankenhaus einen Besuch ab und behauptet: ›Ich werde gewinnen.‹«

Das sagte Muhammad Ali 1967.

»Das hat man auch nach Marciano und Louis und Willie Pep geglaubt«, sagt Al Braverman, selbst einmal Boxer, heute Trainer und Manager. »Richtig ist, daß jedesmal nach solchen Ausnahmeathleten eine Flaute eintritt, zweitrangige Boxer werden Weltmeister, der Titel wechselt häufiger, das Interesse der Öffentlichkeit läßt nach. Aber irgendwann wird es wieder einen Ali geben … Schauen Sie«, sagt Braverman und zeigt mir ein Boxmagazin mit Sugar Ray Leonard auf dem Cover. »Vor drei Jahren noch Amateur, gewinnt die Goldmedaille, wird Weltmeister, von Angelo Dundee, dem Trainer von Muhammad Ali, trainiert, bereits mehrfacher Millionär, besitzt einen Vertrag mit dem Fernsehen für die nächsten Fights. Ein gemachter Mann … und wie Ali ohne eine einzige Schramme im Gesicht.«

Den Männern mit den Zigarren und den Hüten im Genick sind Regierungschefs, Hausfrauen und der kleine Mann auf der Straße gleichgültig. In der Regel reicht ihnen ein Boxer, der an einer Blume riecht und gewinnt. Aber sie nehmen auch einen, der nichts mehr riecht und verliert. Al Braverman, ein imposanter Mann in den Sechzigern, groß und immer noch beeindruckend stark, liebt gute Boxer, gibt sie aber ohne jede Sentimentalität auf, wenn das Geschäft für beide Partner aussichtslos geworden ist.

Braverman trainierte Leute wie Tom McNeeley, Frankie DePaula, Jimmy Dupree und Chuck Wepner. Er war Pressechef bei Sonny Liston, stand bei Carlos Ortiz in der Ringecke.

Wie man in Nat Fleischers ›Ring Boxing Encyclopedia‹ nachlesen kann, war Braverman allerdings nicht gerade vom Glück verfolgt: Die vier genannten Boxer, die er trainierte, haben ihre Weltmeisterschaftskämpfe verloren. Und so ist auch Al Braverman nie so recht reich geworden. »Ein lausiges Geschäft, bei dem man gerade die Unkosten abdeckt.«

Sein Büro, über das er diese Geschäfte abwickelt, ist ein kleiner, enger Antiquitätenladen an der Jerome Avenue am Ende der Bronx. Die meiste Zeit verbringt er damit, Leute abzuwimmeln, die ihm wertlosen Schmuck und zersprungenes Porzellan andrehen wollen. Kein Wunder, daß der Antiquitätenladen mittlerweile eher einer Rumpelkammer mit mindestens zwei Schichten Staub obendrauf gleicht – was Braverman nicht beunruhigt. Auch die Gegend hier läßt ihn kalt.

Es ist eine wilde, wüste Gegend. Leere Häuser, kalte, kantige Fabrikmauern, Bars, Hot-dog-Joints. Kopfhoch wächst zwischen Gehweg und Straße das Gras. An den Straßenecken Schwarze. Sie stehen auch unter den Eisenstützen der Subway oder in Hauseingängen, kiffen, warten, trinken. Eine Welt – zerbombt von Hoffnungslosigkeiten. Dreck, Ratten, Disco-Sound. In dieser Welt hat schon stattgefunden, worauf wir alle mit Schrecken uns erst gefaßt machen: der Dritte Weltkrieg. Und mittendrin in diesem erstarrten Inferno Al

Braverman. Mehrere Male unterbricht uns an diesem Nachmittag das Telefon.

Der erste Anruf kommt aus Kanada. Um was es geht? Braverman soll gegen front-line-money, Bargeld also, einen Boxer vermitteln. Aber nicht etwa irgendeinen – und schon gar nicht einen besonders guten. Ich verstehe das nicht auf Anhieb und denke an all die Gerüchte, die den Boxsport schon immer begleitet haben, Gerüchte über Schiebungen, gekaufte Sieger und erschwindelte Knockouts ...

»Die Leute in Kanada«, erklärt mir Braverman geduldig und mit Nachsicht, »wollen einen jungen, talentierten Boxer aufbauen. Der Junge braucht in erster Linie Erfahrung. Was er aber nicht gebrauchen kann, sind Niederlagen.«

»Die verlangen einen nicht besonders guten Boxer?«

»Jeder junge Boxer, der einen guten Manager hat, wird anfangs gegen Gegner gestellt, die er besiegen kann.«

»Aber wenn Ihr Mann nicht gewinnen darf, ist es Schiebung.«

»Ein mismatch, wie wir sagen. Ein ungleicher Kampf einfach, nichts weiter.«

»Aber der Boxer, den Sie nach Kanada schicken, hat keine Chance.«

»Keine.«

»Und dafür sorgen die Manager ...«

»Sie sorgen dafür, daß ein junges Talent zum richtigen Zeitpunkt den jeweils richtigen Gegner boxt. Erst wenn er genügend Erfahrung besitzt, läßt man ihn gegen Ranglistenboxer antreten.«

»Und dann wird es ernst?«

»Dann ja ...«

Braverman macht den Handel mit Kanada perfekt. Er wird also einen Boxer auftreiben, der von zwölf Kämpfen mindestens acht verloren hat, in Geldschwierigkeiten steckt und aufgehört hat, von einer großen Zukunft zu träumen. Er kennt von dieser Sorte eine Menge.

Dann ein Anruf aus London. Frage, ob Braverman an einem Geschäft in England interessiert ist. »Selbstverständlich.« Ob er ein paar der besten Schwer-, Mittel- und Weltgewichtler der Staaten nach England vermitteln kann, um sie gegen Commonwealth-Champions antreten zu lassen? »Und was ist mit Mickey Duff?« will Braverman wissen. Mickey Duff, der große Mann im Boxmanagement Großbritanniens, ist Braverman immer ein guter Freund gewesen.

»Diese Sache soll ohne ihn laufen.«

»Das geht nicht«, schreit Braverman bis nach London. Trotzdem läßt er sich die Sache ganz ausführlich erläutern, hört aufmerksam zu, nickt, und ganz allmählich scheint er sogar zuzustimmen. Braverman wittert einen guten Job. Die Größenordnung interessiert ihn. Außerdem könnte er tatsächlich die gewünschten Fighter besorgen.

Den Rest der Konversation, die ich leider nur einseitig verfolge, bestreitet Braverman mit einem einzigen lakonischen »Läßt sich alles, alles machen«.

»Wir sind Freunde, Mickey und ich«, erklärt er mir, »aber warum nicht einmal den Partner wechseln? Das belebt das Geschäft. Bessere Boxkämpfe. Mehr Fans. Mehr Geld für die Boxer ...«

»So gesehen ...«, sage ich und verzichte darauf, die ganze Sache moralisch zu sehen. Ich werde mich hüten. Braverman ist todsicher ein unsentimentaler, harter Knochen – und in einer Welt der Wölfe muß man heulen. Im Augenblick ist er mit den Vorbereitungen zu einem Madison-Square-Garden-Hauptkampf beschäftigt. Braverman managt und trainiert John »Dino« Dennis, 27, einen weißen Oldtimer, der seine letzte Chance auf ein Comeback haben wird, wenn er im Garden gegen einen 21 Jahre jungen Weißen antritt, der sich »Gentleman« Gerry Cooney nennt, von seinen Managern und der lokalen Presse rund um New York als »kommender Schwergewichtsweltmeister« angepriesen.

Ich habe Cooney draußen in New Jersey einen schnellen K.-o.-Sieg feiern sehen über einen langsamen, uninteressiert wirkenden schwarzen Boxer, der zur fünften Runde einfach nicht mehr angetreten ist, obwohl er keineswegs angeschlagen war.

»Seine Manager haben ihn zu lange gegen Nieten boxen lassen«, sagt Braverman, »das wird sich gegen meinen Boxer rächen.«

»Er soll einen guten, harten Punch besitzen.«

»Sagt man«, sagt Braverman.

Er erzählt, wie er das ursprünglich bestehende Kampfangebot, Cooney in dessen Heimatstadt Huntington, Long Island, zu boxen (für vielleicht 5000 Dollar), auf 20000 pro Boxer und Madison Square Garden in die Höhe trieb.

»Wie kommen die Manager von Cooney dazu, meinen Mann herauszufordern – für ein Trinkgeld?«

Er wirkt, selbst wenn er den ausgekochten Geschäftsmann gibt, sympathisch. »Cooney, das wußten wir, trainierte bei Gleason's. Also tauchte ich mit Dino eines schönen Tages dort auf. Die beiden sparren zusammen. Nicht lange, zwei Runden. Dann hole ich Dino aus dem Ring. Seinem Manager sage ich: ›Ihr habt recht, Cooney schlägt zu hart.‹ Ich sage, was sie alle behaupten, genau das, was sie hören wollen: Cooney hat einen Punch. Das steht natürlich am nächsten Tag auf der Sportseite. Das ist politics.« So nennt man alles, was sich außerhalb eines Boxrings abspielt.

»Wenn Dennis verliert, was dann?«

»Was dann? Er kam aus dem Nichts und wird wieder dahin zurückkehren.«

»Das sagen Sie ihm auf den Kopf zu?«

»Boxer kommen und gehen. Ich habe ein gutes Tausend davon gesehen. Aber die Trainer und die Manager bleiben.«

»Als Dennis gegen George Foreman boxte, hatte er da überhaupt eine Chance? Ich meine, Foreman hatte immerhin Frazier und Norton vernichtet!«

»Dennis verdiente an diesem Abend 100 000 Dollar, mehr Geld, als er je in seinem Leben gesehen hat – endlich konnte er sich ein Häuschen für sich und seine Familie kaufen. Das ist es, woran er dachte, als er gegen Foreman boxte.«

»Aber ohne Chance …«

Foreman besiegte Dennis am 15. Oktober 1976 durch K. o. in der vierten Runde.

Mit einem alles andere als sehnsüchtigen Blick durch die Scheiben seines Antiquitätenladens sagt Braverman schließlich: »Es gibt genug, die boxen müssen.«

Alte Geschichten gehören zur Allgegenwart im Milieu des amerikanischen Profi-Boxgeschäfts. Sie liefern ihre wunderbaren Wahrheiten – und sie geben, in jeder gewünschten Lautstärke, Signale des Schreckens.

Das Fortdauern der alten Geschichten ist die Zukunft dieser vergessenen, arbeitslosen, gewalttätig gewordenen Jugendlichen da draußen, der hungrigsten unter ihnen, der stärksten, ärmsten und auch der stolzesten.

Jede zukünftige Generation wird versuchen, die Wunder der Einmaligkeit zu wiederholen. Sie will so hart schlagen wie Rocky Marciano und so viel einstecken können wie Joe Frazier, will austeilen wie Floyd Patterson und auf gleich schnellen Beinen im Ring tanzen wie Ali. Die Generation in den Ghettos der großen Städte will von ihrem Glauben an die alten Geschichten profitieren. Das Einwanderungsgemisch der untersten sozialen Stufe hat nichts zu verlieren. Gerade deshalb sind diese Jugendlichen anfällig für den radikalen Gedanken, als Berufsboxer anzutreten.

Die alten Geschichten passieren heute, laufen täglich über den Fernsehschirm. Helden fallen, Anfänger siegen. Und wo denn anders als in einem Boxring werden so viele aussichtslose Kämpfe gewonnen? Carlos Palomino war ein kleiner Schuhputzjunge aus Mexico

City, der davon träumte, eines Tages groß und stark und reich zu sein. Sein Traum wurde Wirklichkeit: Er wurde Boxweltmeister.

Sie leben und kämpfen auf der Straße und wissen schon von Kindesbeinen an ihre Fäuste zu gebrauchen. Sie sind die Bare-Knuckles der Gegenwart … bis sie eines Tages in eines der Box-Gyms gehen, ihren Schweiß ausbluten und lernen, was es heißt: im Training zu sein und am Ende mit einem anderen, gleichermaßen Hoffnungslosen zu boxen. Sie wollen von Anfang an nur das eine: Weltmeister sein, lange genug, um daraus eine lohnende Sache zu machen. Abkassieren wollen sie, Geld, viel Geld wollen sie verdienen, alles Geld dieser Erde – und es soll explodieren in chromblitzenden Fontänen.

Diese Generation besteht aus Jugendlichen, die noch immer nur eine einzige reale Alternative haben: entweder das Messer zu benutzen oder eben die Fäuste. Aber hat Sugar Ray Leonard ein Messer benutzt in Las Vegas, als er Weltmeister wurde? Hat jemand ein Messer gesehen? Nein, aber sie haben Angelo Dundee gesehen.

Damals in Tucson, Arizona, als Leonard gegen den argentinischen Ranglistenboxer Daniel Gonzalez antrat, wollte Angelo zuerst Everlast-Handschuhe haben, dann, eine Stunde vor dem Kampf, verlangte er plötzlich Reyes, eine mexikanische Marke. Reyes sind an den Knöcheln weniger gepolstert und gelten als Handschuhe für harte Puncher – aber Sugar ist keiner. Angelo lachte nur und sagte: »Dann paßt mal gut auf.«

Den Rest der Geschichte erzählte Dundee später einem Journalisten. »Ich ging vor dem Kampf noch einmal in Gonzalez' Garderobe. Sie war voll mit Fans, Freunden, Reportern. Gonzalez hatte keinen Platz, um sich vor dem Kampf aufzuwärmen, er tat nichts, bewegte sich nicht, schwitzte nicht. Das ist der größte Fehler. Ein Boxer muß sich vorher warm machen. Er muß schwitzen. Ich ging zurück und sagte Sugar: ›Du wirst ihn gleich in der ersten Runde in die Ecke nageln.«

Und genauso passierte es. Gonzalez wurde nach zwei Minuten und drei Sekunden ausgeknockt. Leonard kassierte dafür 200 000 Dollar und brauchte danach noch nicht einmal unter die Dusche.

Boxen ist ein Urschrei. Boxen ist der Kompromiß, den eine mörderische Gesellschaft eingeht mit ihren Opfern. Nirgendwo sonst liegen Vernichtung und Triumph so spektakulär dicht beieinander wie im Boxen. Man muß schon an römische Gladiatorenkämpfe zurückdenken, um nachempfinden zu können, um welche Art Überleben es hier geht. (»Destroy and destruction«, sagt Marvin Hagler, »they're the only two words I know.«)

Das Aufputschmittel der jungen Puertoricaner aus Brooklyn heißt Wilfred Benitez, der mit 17 Jahren Weltmeister im Weltergewicht wurde. Die mexikanische Minderheit in New York schwört auf ein anderes Idol, den Weltmeister José »Pippino« Cuevas, 19 Jahre alt. Alexis Arguello holte den Titel mit 22 Jahren. »The Harlem Spider«, Tommy Kelly, war 20 Jahre, Roberto

Duran 21, Alfonso Zamora 20, als sie ihre Titel gewannen.

Kein Wunder, daß die Box-Gyms überlaufen sind mit jungen schwarzen Boxern, daß die jüngsten schon mit neun Jahren in die PALs (Police Athletic League) kommen, um ihre Fäuste zu bandagieren und ihre Träume wahr zu machen. Die PALs holen die Kinder von der Straße, noch bevor sie den Rauschgifthändlern in die Hände fallen oder sich in kriminellen Banden zusammenschließen. *Fight the crime* ist der Slogan der PAL-Boxabteilungen. Von dort wandern sie, angenommen, sie zeigen ein Mindestmaß an Talent und Begabung, in die Box-Gyms.

Das Gramercy-Gym (»Home of the Champions«) in der 14. Straße 116 East, im zweiten Stock eines Geschäftshauses der Jahrhundertwende, ist das älteste Manhattans. Hier arbeitete Cus D'Amato, einer der legendären Boxtrainer seiner Zeit. Hier bereiteten sich Floyd Patterson und José Torres auf ihre Kämpfe vor. D'Amato machte beide zu Weltmeistern. Rocky Graziano sparrte hier. Und erst vor kurzem war es Filmstar Robert De Niro, der im Gramercy für seine Rolle in ›Wie ein wilder Stier‹ das Boxen lernte.

D'Amato, von seinen Champions im Stich gelassen, verkaufte in den frühen Sechzigern an Al Gavin und Bob Johnson, die heute hier die sogenannten East-Side-Fighter betreuen, junge Amateure und eine Handvoll angehender Profis. Kampfplakate an den Wänden erinnern an bessere, an die »goldenen« Zeiten, als Gavin und Johnson selbst noch geboxt haben – und Toni Canzi mit Paddy de Marco gut im Geschäft war. Canzi, ein kleiner, freundlicher, alter Herr, kommt heute immer noch jeden Tag ins Gym, um ein bißchen bei der Arbeit auszuhelfen, aber allzu viele Illusionen macht er sich nicht. »Zu viel Dilettantismus, keiner hat Stehvermögen, zu viel Geld überall – und außerdem kann sich jeder, wenn er es nicht auf Anhieb schafft, einen anderen Beruf suchen.«

Auf den ersten Blick hat Canzi unrecht. Im Gym trainieren an diesem Tag etwa 60 Boxer, mehr würden hier auch nicht Platz haben. Jeder Meter ist ausgefüllt. Sie alle arbeiten hart, verbissen, besessen. Beide Ringe sind mit sparrenden Kämpfern besetzt, andere warten. Wieder andere bearbeiten die Sandsäcke oder lassen sich den zentnerschweren Medizinball in die Rippen stoßen, um die Bauchmuskulatur abzuhärten. Selbst Arcadio »Pee Wee« Suarez, von seinem Trainer als Faulenzer eingestuft, absolviert sein Training nun schon ganze sechs Jahre, ohne bisher ins Licht der Öffentlichkeit gerückt zu sein. Immer neue Boxer kommen und beginnen ihr Training. Noch immer kommt auch Bobby O'Brian, der heute Polizist ist, zum Training. Ray Elson erholt sich bei zwei-, dreihundert Liegestützen von seiner schnellen K.-o.-Niederlage vor einer Woche in Jersey City. Ganz hinten in einer der Ecken zeigt Douglas Valiant, selbst einmal Herausforderer und mehrmaliger kubanischer Champion, seinem erst achtjährigen Sohn Doug jr. die Grundbegriffe. Louis »The Syrien« Hubela kommt jeden Tag nach der Arbeit von Brooklyn herüber und läßt sich von Canzi trainieren. Er hofft, eines Tages seine Chance zu bekommen und Howard Davis zu boxen, den jungen Großverdiener aus seiner Nachbarschaft. Viele hier bezweifeln, daß er jemals die Klasse besitzen wird, um Davis zu schlagen. »Manchmal weiß man einfach, daß man es schaffen kann, sagt er, »ich weiß, daß ich ihn schlagen kann, aber ich weiß nicht, ob ich jemals meine Chance bekomme.«

Sie alle schinden sich, rackern sich ab, plagen sich bis zur totalen Erschöpfung – auch ohne Kampfangebote, ohne finanzielle Unterstützung, die meisten ohne einen eigenen Trainer und Manager, die allermeisten nur, um sich – wie Canzi sagen würde – »auszudrücken«. Sie werden nie zu den Helden der Boxiana zählen.

Aber wie sagen die Experten, nachdem sie sich geirrt haben: *you never know.*

Das Solar-Gym (»Solar Sporting Club«) liegt in der 28. Straße 146 West, der Straße der Blumenhändler, im fünften Stock eines Lagerhauses. Hier ist Jaran Manzanet der Boß, ein junger Einwanderer aus der Dominikanischen Republik. Solar ist auch das Lieblings-Gym eines Weltklasseboxers gewesen: Emile Griffith, der gegen Dick Tiger den Mittelgewichtstitel gewann und gegen Nino Benvenuti wieder verlor. Er war zuvor schon Weltmeister im Weltergewicht gewesen, rückte dann wegen Gewichtsproblemen in die Mittelgewichtsklasse auf, holte den Titel, verlor ihn wieder. Wieder (nach vielen nicht gerade gesunden Schwitzkuren) ein Weltergewicht, versuchte er den Titel erneut zu holen – was ihm dann die Niederlage gegen José Nápoles einbrachte. Griffith machte weiter, diesmal wieder in der Mittelgewichtsklasse, wo er auf den jungen, starken Carlos Monzón traf, der gerade Nino Benvenuti besiegt hatte und Weltmeister geworden war. Griffith verlor knapp nach Punkten.

Griffith kämpfte wie kein anderer gegen Gewichtsprobleme und gegen die Zeit, die ihm davonlief. Er ist wirklich ein beeindruckendes Beispiel für Zähigkeit, Ausdauer und Härte, denn auch nach der Niederlage machte er sich Hoffnungen, erneut um den Titel zu boxen, diesmal in der neu geschaffenen Klasse des Junior-Mittelgewichts. Griffith war damals schon 39 Jahre alt.

Hier taucht nun zum zweitenmal ein deutscher Berufsboxer auf, der einmal Weltmeister war: Eckhard Dagge. Ihm wollte Griffith am 18. September 1976 in Berlin den Titel abnehmen. Dagge blieb Weltmeister. Nach drei weiteren Niederlagen, diesmal gegen unbedeutende Boxer, gab Emile Griffith endlich auf – nach insgesamt 93 Profikämpfen in 29 Jahren. Noch heute steht auf einer Tür des Solar-Gym geschrieben:

NO ENTRANCE EXCEPT EMILE.

Manzanet deutet auf eine handgeschriebene Liste jener berühmten Boxer, die alle einmal hier trainierten, darunter (neben Emile Griffith) Roberto Duran, Muhammad Ali, Ken Norton, Joe Frazier.

Tyronnie Harlee ist 21 Jahre alt, Schwergewicht mit einem Kampfrekord, der alles andere als berühmt ist:

Von drei Kämpfen hat er zwei verloren. Er wohnt in Brooklyn, arbeitet als Klempnergehilfe und trainiert jeden Tag, allerdings ohne Trainer. Nur Manzanet und dessen Freunde, die hier ebenfalls das Training überwachen, geben ihm hin und wieder ein paar Ratschläge, wie er seinen Stil verbessern kann. Manzanet macht Harlee vor, wie er schlagen und abducken soll. »Bum-bum-bum ...« Harlee schlägt eine Links-rechts-links-Kombination und duckt ab. »Eins, zwei, drei«, schreit Manzanet, »bum-bum-bum ...« Mehr Ratschläge bekommt einer wie Harlee selten. Er hat noch nie mehr als 150 Dollar von einem Kampf nach Hause gebracht. »Ich werde«, sagt er mir, »noch drei oder vier Jahre weitermachen.« Vielleicht, denke ich, wird die schreckliche Nacht früher kommen für ihn, in einem Trommelfeuer schneller Schläge gegen Kopf und Körper ... irgendwann in einem kleinen, schlecht beleuchteten Ring, irgendwo in den kleinen Städten rund um New York.

Marcos Baharona, Student am City-College in New York, schwarz, 22 Jahre alt und Leichtgewicht, hat schon für 500 Dollar und mehr den Abend geboxt, was ihn allerdings auch nicht so recht zufrieden stimmt. »Ich sehe die andern Jungs sieben-, achttausend Dollar einstecken für einen Acht-Runden-Kampf.«

Was mir ein anderer schwarzer Junge erzählt, klingt wie eine Episode aus den Zeiten der Depression. »Ich arbeitete in einer Druckerei und wurde entlassen. Ich versuchte, Arbeit zu finden, was unmöglich war. Jetzt bin ich Boxer.«

Was er verdient, will ich wissen.

»Genug für ein kleines Zimmer in Harlem und die Unkosten.«

»In jedem Gym trainieren 50 Jungs für Kämpfe, die nie stattfinden«, sagt Mike Capriona, ein Ex-Boxer. »Sie bleiben irgendwo hängen, haben hier mal und dort mal einen Kampf und werden schließlich Sparrings-partner.«

Die Männer vom Schlag eines Mike Capriona haben ein gutes Gedächtnis. Sie kennen sich aus in der Mytho-logie ihres Berufs. »Aber selbst dieses Schicksal bringt die wenigsten zu der Einsicht, mit dem Boxen Schluß zu machen. Alle waren sie Sparringspartner: Corbett, Dempsey, Walcott, Ellis, ja sogar Ali, der anfangs mit Willie Pastrano sparrte. Larry Holmes war noch vor vier Jahren nichts weiter als Sparringspartner – und wurde Weltmeister. Wie soll da einer zur Vernunft kommen, seine Fähigkeiten richtig einschätzen und aufhören?«

Das Melodrama des Boxsports hat viele Melodien, aber man muß einmal unmittelbar am Ring gesessen haben, man muß das Geräusch gehört haben, das Box-handschuhe machen, wenn sie treffen: den Kopf, die Leber, die Nieren, den Magen … das Stakkato der linken Geraden, das Bambam der Haken, das Rattat-tata-Rattattata aus allen Muskeln eines austrainierten Fighters. Das Keuchen und Ächzen und Verzweifeln. Die Minute des Irrtums inbegriffen.

»Ich habe ihn nicht ernst genommen« – so der be-siegte Ali. »Leon Who?« Niemand kannte Leon Spinks. Keiner wußte was. Sieben Kämpfe nur …

Was wußte Sonny Liston vor seinem Titelkampf von Cassius Clay, der ihn »einen alten, stinkenden, häßlichen Bären« nannte? Nichts. Liston verlor.

Was wußte Jack Sharkey von Schmeling, dessen Name er nicht mal aussprechen konnte? Nichts. Sharkey verlor.

Und heute kommt es schwarz auf schwarz. Al Braverman hat schon recht, wenn er nach »weißen« Boxern ausschaut – der »weißen Hoffnung«. Das ist die radikalste Minderheit. Und deshalb wäre das Geschäft grenzenlos lukrativ, einen solchen Boxer zu managen. Es müßte so eine Art Marlon Brando der Boxszene geben.

Wenn man den Managern glauben will, gibt es einen Gott, der angeblich nach weißen Preisboxern Ausschau hält. Und tausend kleine Götter tun dasselbe. Aber wo ist er? Wo der Gott? Wo die Preisboxer?

Gleason's Gym (»The Maker of Champions«) lag ursprünglich, als Bobby Gleason noch lebte, in der Bronx, Westchester Avenue. Vor sechs Jahren etwa siedelte es dann nach Manhattan um (300. Straße 252 West, zwischen 7. und 8. Avenue).

Die 30. Straße ist die Straße der Pelzhändler, der Silbersteins, Rosenbaums, Goldsteins und Levines. In ihren Kontoren und Lagern hängen Werte in Millionen Dollar. Das ist die Schneise bis zum Gebäude, in dessen Parterre das Gym heute beheimatet ist.

Gegenüber hält sich ein kleiner Laden, in dem Señor Sánchez die Zigarren noch mit der Hand dreht. Er kann von Glück sagen über diese Nachbarschaft.

Fremde zahlen bei Gleason's Gym einen Dollar Eintritt an Sam Morgan, der wie ein alter Trunkenbold aus einem der frühen Keaton-Filme aussieht, sympathisch, eine Antiquität. 1916 kaufte er das New Garden Gym, Ecke Lenox Street und 7. Avenue, in der Nähe von Stillman's Gym, dem berühmten, inzwischen geschlossenen Boxklub, wo dreimal die Woche Kampfabende abgehalten wurden. Aber bei Stillman's durften zu jener Zeit keine schwarzen Boxer trainieren. Und genau die kamen damals zu Sam, darunter Asse wie Kid Chocolate und Panama Al Brown. Irgendwann mußte er seinen Laden schließen – und macht heute die Tür bei Gleason's. Der eine Dollar ist bei ihm also gut aufgehoben.

In Gleason's Gym macht man Bekanntschaft mit einem sehr wohltuenden, fast vergessenen Gefühl: Niemand mustert einen, man kann allein gelassen herumgehen, betrachten, sehen. Niemand kümmert sich um einen Fremden.

Im Gym ist ein solider, fleißiger Boxer schon fast ein Star. Hier kann er spielerisch und ohne jede Nervenbelastung sein Können zeigen. Er strotzt vor Kraft, vervollkommnet vor dem Spiegel die Harmonie seiner Bewegungen – all das, was ein nur zweitrangiger Boxer in der echten, gefährlichen Auseinandersetzung im Ring sofort wieder vergißt. Hier im Gym boxt er außerdem mit Kopfschutz und besser gepolsterten Handschuhen. Er boxt mit jener Phantasie, die er sich im Kampf kaum zutraut. Viele Boxer sind überhaupt nur in einem Gym großartig – und versagen nach dem Gong zur ersten Runde, wenn eine Minute 60 Sekunden zu lang ist.

Im Gym herrscht Gelassenheit, die sich auf jeden wohlwollenden Fremden wie ein Glücksgefühl senkt.

Gleason's hat die Gemütlichkeit einer Eckkneipe und die Geschäftigkeit einer Bahnhofshalle. Es dient als Aufenthaltsraum für die Boxveteranen und Rentner aus der Nachbarschaft, als Informationsbüro der Nichtstuer und schäbige Kleinbühne für Angeber. Es dient – so scheint es manchmal – am allerwenigsten als Trainingshalle, wo die Berufsboxer sich konzentriert auf ihre Kämpfe vorbereiten können. Mögen die Aufschriften auf ihren Shirts, Jacken und Hosen noch so eindrucksvoll klingen (The Rock, Terrible Joe, Macho oder God), die Helden wirken, so nah erlebt, alle verwundbar. Die meisten von ihnen sind namenlose Vier-Runden-, Sechs-Runden-Vorkämpfer – sie füllen ihr kurzes Boxerleben lang nur die Programme auf. Ihre Namen werden namenlos, und ein Kampf im Garden wird ein unerfüllbarer Traum bleiben.

Gleason's Gym wirkt wie das Bühnenbild eines Stücks aus der Zeit der Prohibition (in der Inszenierung eines Regisseurs, der sich ganz auf das Klischee vom ›Schmutzigen Lorbeer‹ verläßt). Der Putz fällt von der Decke. Das Datum des letzten Anstrichs dürfte weiter zurückliegen als die ersten Profikämpfe eines Primo Carnera. Das Segeltuch, mit dem die Ringe bespannt sind, ist so sauber wie die Wasser des Ganges. Wer aus den fürchterlichen Vorstädten, den kalten Industriegebieten hierher zum Training kommt, taucht in eine ihm vertraute glanzlose Welt ein. Kein Showbusiness, kein Limelight. Und doch haben auch hier die Weltmeister trainiert, wenn sie zu einem Kampf nach New York kamen.

»Erst die Linke, dann die Rechte … erst Whuuuuh, dann Whomp« – und Chico gehorcht seinem Trainer. Er wird heute nicht viel mehr machen als Whuuuuh und Whomp. Sein Trainer trägt Lackschuhe, Krawatte und Hut, kaut eine Zigarre – fast sieht er aus wie ein Herr, der gerade durch die Drehtür einen Wolkenkratzer verläßt.

Dicht neben diesem Paar, versunken in seinen Whuuuuh-Whomp-Dialog, geht es um den linken Haken. Immer wieder nur der linke Haken. Ein schwarzer Athlet nagelt ihn in den Sandsack, peitscht ihn in die Luft oder gegen die Ringecke. Der linke Haken wird analysiert, in Zeitlupe ausgeführt, wieder diskutiert … er soll irgendwann eine tödliche Waffe werden.

Im Ring tanzen etwa zehn junge Boxer durcheinander, Kombinationen andeutend, schattenboxend, abduckend, ausweichend … Ihre Körper kommen im Spiel miteinander, in jeder ihrer Bewegungen, auf eine harmonische Weise zur Ruhe.

In allen Gyms beginnt der Betrieb richtig erst nach vier Uhr, wenn die Berufsboxer, deren Beruf sie nicht ernährt, von irgendeiner Arbeit kommen. Sie haben entweder Lastwagen entladen, Fabrikhallen gefegt oder als Boten Pakete ausgetragen. Es sind kleine Gelegenheitsjobs, die es ihnen erlauben, ihr volles Trainingsprogramm aufrechtzuerhalten.

Guy »The Rock« Casale ist im Augenblick in einer glücklichen Situation. Er sieht Rocky Marciano zum Verwechseln ähnlich – und was lange nur eine Schmach war (da man nicht nur ihr Äußeres, sondern auch ihre Boxkünste miteinander verglich), scheint sich endlich doch noch auszuzahlen. Er soll in einem Hollywoodfilm als Marciano boxen. Deshalb kommt er in all diesen Wochen immer schon gegen Mittag ins Gym, begleitet von seinen Managern George und Nick Baffi.

»Wenn die Boxer pleite gehen«, sagt George, »geht es auch mit uns abwärts.«

»Sieht er nicht genau wie Rocky Marciano aus?« Man sieht, daß einer wie Marciano mit einem wie Casale kurzen Prozeß gemacht hätte. Er hätte den Fels in Puderzucker verwandelt.

Die Namen der Namenlosen: Jessie Woodis, Don Bailey, Tito Velez, Bruno Soccoli, Al Milone, Sid Lugo, Marcus Morales, der Stahlarbeiter Billy Daniels, der Gelegenheitsmetzger Joe Davis, Yucatan Rivera, der in einem Krankenhaus in der Küche arbeitet, Johnny Torres, Frankie Olivera, Jimmy Johnson …

Wenn sie außerhalb New Yorks antreten, verwandeln sie sich – und ihre Namen mit ihnen. Jetzt heißen sie: Das Phantom aus Philadelphia, Die Bombe aus Brooklyn, Die Spinne, Adler, Nonstop-Actionpuncher oder K.-o.-Artist. Da steigt dann El Macho in den Ring oder der Stolz von Puerto Rico. Der Engel ist ein kurzbeiniger Mexikaner. King Kong boxt im Leichtgewicht.

Der typische Gym-Boxer ist mit seinem Los völlig zufrieden. Es gibt nur Drei-Runden-Sparrings – und diese Distanz schafft er leicht. Er kann sich verausgaben. Während der Hauptkämpfer vielleicht in diesen drei Runden, auf Befehl seines Trainers, nur eine einzige Variation einübt, geht sein Gegner, der Gym-Champion, in die vollen, steht unter Dampf, geht aus sich heraus und macht alles, um den Hauptkämpfer so schlecht wie möglich aussehen zu lassen. Unverwundbar eingepackt in den Kopfschutz, der auch Kinnspitze und Augen schützt, mit 10- oder 12-Unzen-Handschuhen und der entspannten Atmosphäre eines Trainings im Rücken, zeigt er keine Angst. So sieht er oft viel geschickter und talentierter aus als sein Gegenüber.

»Mit schwarzen Boxern ist schwerer zu arbeiten als mit weißen«, behauptet Joe West. »Sie glauben alle, zum Boxen geboren zu sein, und trainieren deshalb nicht so gern.«

Was ich selbst beobachte, bestätigt zumindest, daß den weißen Boxern nichts geschenkt wurde. Man sieht ihnen an, wie mühsam sie alles erlernen mußten. Ihre Bewegungen sind stumpf. Die Beine arbeiten langsam und ohne Rhythmus. Sie sind bestenfalls zähe Burschen, die einen breiten Oberkörper mit sich herumschleppen. Ihr Reaktionsvermögen ist das eines Dinosauriers.

Dagegen bringt ein schwarzer Boxer schon eine ganze Menge mehr mit: die Leidensgeschichte seiner Rasse, das Trommeln der Bongos, Fieber und Magie, Stammestänze und Exaltation. Und wer im Dschungel New Yorks aufgewachsen ist, bringt die Erfahrung von

mindestens einem Dutzend Straßenkämpfen mit, ausgetragen mit bloßen Fäusten, mit Ketten, Messern,
Steinen, Bierflaschen. Wen fürchtet so einer noch im
Boxring, wo er es ja nur mit einem einzigen Gegner zu
tun hat, der auch noch weiche Boxhandschuhe trägt?

Der schwarze Boxer kennt nichts besser als den
Kampf. Er bewegt sich elegant, ist schnell, denkt nur
mit seinen Instinkten und fühlt sich überlegen.

In einem Gym hat sich für ihn die Welt verkehrt:
Jetzt ist er ein Herr, sein weißer Kontrahent ein Skla-
ve. Der schwarze Fighter verfügt über den besseren
Bewegungsapparat. Sein Handicap ist nur, daß es in
Amerika zu viele von ihnen gibt. Und immer mehr junge Schwarze, immer mehr Mischlinge tauchen auf,
kommen über Los Angeles nach New York und suchen
nach Arbeit. Sie kämpfen ums Überleben – wie sie es ja
von Kindesbeinen an gewöhnt sind. Sie sind jung und
warten im Überangebot der farbigen Faustkämpfer auf
Beschäftigung.

Der Boxsport ernährt in ganz Amerika nur rund
100 Boxer. Die Legionen der glücklosen Kleinverdie-
ner, die in den Gyms mehr ausschwitzen als nur ihren
Schweiß, füllen lediglich die Programme der Hauptkämpfer, wenn das Publikum noch gelangweilt draußen
an der Bar steht – und sich die alten Geschichten und
alten Zeiten wie von selbst glorifizieren.

Heute sehen die Kids ›Rocky‹ im Kino. Sie sehen
Spinks ... was ist aus ihm geworden? Er kam und verschwand, pleite und bankrott wie die meisten Boxer.

Bei Sardi's, dem berühmten Broadway-Restaurant,

taucht er wieder auf. Don King, der ehemalige Lotte-riekönig von Cleveland, der wegen Totschlags ein paar Jahre absitzen mußte, bevor er – als Promoter der Ali-Kämpfe – ganz groß ins Boxgeschäft einstieg, präsen-tiert ihn morgens um elf Uhr auf einer Cocktailparty für New Yorks Sportjournalisten, von denen einer mich mitgeschleppt hat.

»Ihr habt ihm zugejubelt«, schreit King ins Mikro-phon, »als er Ali vom Thron stieß. Ihr habt ihn ver-dammt, als er die Revanche verlor. Ihr habt ihn fallen-gelassen nach seiner Niederlage in Monte Carlo. Ihr habt ihn schlechtgemacht, schlecht über ihn gedacht und schlecht geschrieben ...«

Die Journalisten beeindruckt das kaum noch. Sie haben zu viele Sardi-Cocktails mit ihm hinter sich.

Don King peitscht seine Stimme ins Mikrophon. »Wir sind eine Familie. Wir sind alles Freunde. Hier sitzt er, der Neue, ›Neon‹ Leon Spinks – und ich sage euch, er wird wiederkommen, er wird wiederkom-men ...«

Spinks sitzt neben Don King und dem amtieren-den WBC-Weltmeister Larry Holmes am Tisch. Er wirkt unsicher und müde und in der feinen Sardi-At-mosphäre fehl am Platz, obwohl er genug Goldkett-chen um den Hals und an jeder Hand mehr als nur fünf Goldringe trägt. Seine Haare sind onduliert, sein Gigolo-Anzug sitzt knapp und zeichnet die Muskulatur seiner Oberarme nach. Er sitzt mit gesenktem Blick da, während Holmes in die Blitzlichter der Fotografen lächelt.

»Er wird wiederkommen«, schreit Don King und legt Spinks die Hand auf die Schulter. »Er wird härter trainieren als je zuvor.«

»Wann und gegen wen?«, wollen die Journalisten wissen.

»Wir wissen nicht, wann und gegen wen ... wir wissen nur, daß ›Neon‹ Leon Spinks wieder da ist. Hier sitzt er. Steh auf, Leon.«

Er zieht ihn nach oben und überreicht ihm das Mikrophon.

Es sieht nicht so aus, als glaube der junge Ex-Weltmeister an die Prophezeiungen seines Promoters. Er spricht leise und zögernd: »Es ist schlecht gelaufen ... und es gibt ein paar Dinge, über die ich nicht reden will.« Er starrt die Tischplatte an. Die anwesenden Journalisten wissen, was er meint: die schnelle K.-o.-Niederlage gegen Coetzee, das weiße Schwergewicht aus Südafrika, das verhängnisvolle Management, die Unfähigkeit, frühen Ruhm zu verkraften, das Fahren ohne Führerschein, die Nächte in den Diskotheken, das Kokain im Hutband und die vielen Girls. Als zahnloser Champion ging er über die Titelseiten. Man warf ihm seine Häßlichkeit vor, seine mangelnde Bildung. Keiner hatte an diesem Ghettokind seinen Spaß.

»Success is like some horrible disaster«, schrieb Malcolm Lowry.

Leon Spinks hat Mühe, auch nur drei Sätze zu sprechen. Eric Ell, der neben mir sitzt, glaubt, daß Spinks unter Drogen steht – was ich ihm sogar abnehme.

»Ich hoffe, es wird wieder besser laufen«, deliriert Spinks, »ich bin wieder im Training, trainiere wieder … trainiere … bin guter Dinge … meine Freunde werden mir helfen … ich bin zuversichtlich … wir sind alle eine Familie, alles Freunde …«

Dann sinkt er wieder auf seinen Stuhl und läßt alles Weitere mißtrauisch, unsicher und irgendwie abwesend über sich ergehen.

»Der Kampf ist die Wahrheit., schrieb Malcolm X, »er ist das Kreuz und die Auferstehung.«

Salaam alaykum.

Mit dem Taxi fahre ich zum Madison Square Garden, um endlich den Kampf zu sehen, der seit Wochen in New York diskutiert wird. John »Dino« Dennis gegen »Gentleman« Gerry Cooney.

Die Nationalhymne wird über den Lautsprecher in den Garden eingespielt, was mir genügend Zeit läßt, beide Boxer zu betrachten. Dennis wirkt nervös. Trainer Braverman, der eine unglaubliche Ruhe und Routine ausstrahlt, spricht mit seinem Boxer, während er ihm den Nacken massiert. Dann kniet Dennis in der Ringecke nieder und bekreuzigt sich. Einmal. Zweimal. Kein gutes Zeichen?

Ganz anders Cooney, auf dessen Kampfhose DAD und MOM eingestickt ist. Er macht einen austrainierten, ruhigen, entschlossenen Eindruck, geht an den Ringseilen entlang, lockert die Schultern und die Nackenpartie, winkt seinen Fans zu, schlägt ein paar

Kombinationen. Beide Boxer werden in die Ringmitte gerufen. Sie stehen sich bis auf wenige Zentimeter gegenüber. Cooney, der die größere Reichweite hat und mehr Gewicht, schaut Dennis direkt in die Augen. Ich sehe nicht, wohin Dennis in diesem Augenblick schaut.

Der Kampf beginnt – und er wird nicht lange dauern. Nach einem kleinen, eher theoretischen Schlagabtausch trifft Cooney zum erstenmal mit seiner schweren rechten Hand. Dennis beginnt über dem linken Auge zu bluten – aber es ist nicht dieser Cut am Auge, der Dennis zu schaffen macht, sondern die augenblickliche totale Ernüchterung, die Erinnerung, vermute ich, an jenen Nachmittag bei Gleason's, wo Cooney ihn ebenso hart getroffen haben mag. Das war vor mehr als einem Jahr, aber dieser Schlag scheint alle Zeit verwischt zu haben. Dennis wirkt wie erstarrt, unfähig, diese erste Runde nach Plan zu boxen. Er wird häufiger getroffen, als ihm lieb sein kann.

Braverman schließt den Cut, redet ruhig auf Dennis ein – für ihn kommt es darauf an, drei lange Minuten in zwei, drei Sätzen zusammenzufassen. Die zweite Runde beginnt wie die erste. Dennis ist vorsichtig, kommt mit der Rechten zum Körper, woraufhin Cooney mit zwei linken Haken kontert. Die Wunde platzt wieder auf. Noch ein linker Haken, der ins Ziel trifft. Dennis steht mit weichen Knien am Rande eines Knockouts. Aber er schlägt zurück.

Braverman versucht, den Cut zu schließen. Sein Boxer ist keineswegs angeschlagen. Es ist nicht die befürchtete Kraft der Schläge, es ist etwas anderes, etwas viel Grundsätzlicheres. Es ist das Erkennen einer Wahrheit, die ihn lähmt. Nicht das Blut ist diese Wahrheit, sondern die mitleidlose Tatsache, daß sein Selbstbewußtsein versagt.

Als Dennis schließlich in der dritten Runde von einem schweren linken Haken zu Boden geschlagen wird, gibt es für ihn keine innere Stimme mehr, die ihm befiehlt, wieder aufzustehen. Über diesen Schlag wird später ›Ring Magazine, The Bible of Boxing‹ schreiben: »Wenn Gerry stirbt, sollte man den linken Arm abschneiden und ausstopfen.«

Der Kampf ist zu Ende. Der Garden tobt. Cooney reißt die Arme hoch und genießt den Triumph.

Ich denke in all dem Lärmen der Fans und Betreuer, Reporter, Fernsehleute, Fotografen zurück an jenen Nachmittag am Ende der Bronx, an Al Bravermans kleinen Laden, an unser Gespräch, an die Stille, die nur zu halben und vollen Stunden vom Vielklang zahlloser antiker Standuhren unterbrochen wurde.

Ich denke an seine Antwort auf meine Frage: »Wenn Dennis verliert, was dann?.

»Er kam aus dem Nichts, und dahin wird er wieder zurückkehren.«

They never come back – das war lange unter Boxern die bitterste Wahrheit. Wer die Krone des Champions verloren hatte, war meist nicht nur plötzlich nur noch Ex-Weltmeister, er war ein gebrochener Mann, pleite, bankrott auch als Individuum.

Sonny Liston und Joe Louis landeten auf der Nadel, andere kehrten in die Welt des Elends zurück, vernichtet, desorientiert, vergessen – sie putzen wieder Schuhe, kehren Straßen sauber, werden Catcher oder Hotelportiers. Die Menschen werden an sie mit zynischem Mitleid denken, werden den Boxsport verdammen, der zu viele Opfer produziert. Sie werden danach – an ihnen vorbei – in die nächste Bar gehen und der Stimme von Judy Garland lauschen.

Wer hat je die Tragödie dieser Sängerin zum Anlaß genommen, ihren Gesang anzuklagen? Wer würde die Literatur verdammen wollen, nur weil sich einige Genies zu Tode gesoffen haben? Wer schlug Nijinski k. o.?

(1980)

Die weiße Hoffnung

Vom Boxen wird in New York wieder an jeder Straßenecke geredet, an jedem Telefon hängt einer, der davon spricht, es fährt keine Subway, in der nicht wenigstens einer einen Monolog darüber hält. Sie reden auf Parkplätzen über Aufwärtshaken, in Aufzügen über linke Schwinger oder das beste Kinn, sie reden darüber in der Mittagspause und zu Hause nach Feierabend, falls noch einer wach genug ist, um zuzuhören.

Es ist in Alis russisch-türkischem Dampfbad nicht anders als in Abe's Steakhouse, es ist nirgendwo in New York anders.

Es gab Zeiten, da redeten die Männer sogar mit ihren Tieren darüber, ihren Hunden, Katzen, Papageien; doch sind diese Zeiten leider dahin.

Da sie immer sehr früh damit beginnen, über die Kämpfe zu reden – ganz gleichgültig, ob bereits unterschriebene Kampfverträge vorliegen oder nicht –, kommt es vor, daß sie über einen Boxkampf alles gesagt haben, der dann doch nie stattfinden wird.

Aber er hat in ihren Köpfen stattgefunden, und sie haben ihn durchgekämpft. Wort für Wort in einem wahrhaft endlosen Gefecht.

Es sind Männer, denen die Butter im Munde nicht schmilzt. Sie wissen, was selbst Zeitungsreporter erst aus der Zeitung erfahren. Es sind Experten, die sich nur in einem nie getäuscht haben: todsicher immer den Verlierer zu wetten.

Seltsame Menschen sind es; Männer, die in aller Öffentlichkeit furzen und zu Hause Ölbilder malen.

Männer, die nachts, wenn sie schweigen, Träume haben, in denen Gott zu ihnen spricht.

»Du willst also, daß dein Junge Weltmeister wird?«

»Natürlich, was sonst?«

»Beteilige mich mit 20 Prozent an deinem Jungen, und du hast den Titel.«

War das Gott?

Oder die Stimme von Blinky Palermo?

Wenn sie aufwachen, haben sie die Antwort darauf längst vergessen ... vor der Tür steht die Milchflasche, daneben liegt die Morgenzeitung – und sie fragen sich, warum sie überhaupt aufstehen sollen.

Diese Männer sehen aus, als seien sie bei einer kleinen Schießerei der Mafia nur ganz versehentlich mit dem Leben davongekommen; aber etwas von diesem Schreck hat sich für immer in ihre Gesichter eingegraben. Sie sind immer schlechter Laune, wie alle, die schon morgens keine Wahl haben: Milch schlägt auf den Magen, und was die Presse weiß, wissen sie besser. Vielleicht ist wirklich die ganze Luft raus aus dem Boxgeschäft, vielleicht ist das der Grund, weshalb alle drei Wochen ein Jahrhundertkampf stattfindet und alle drei Monate ein historisches Ereignis.

Aber plötzlich – was ist denn los? Es muß ein Wunder passiert sein – oder etwas Besseres als ein Wunder. Die Banken öffnen ihre Tresore, die Manager machen dankbare Gesichter, die Zeitungsjungen verkaufen ihre Zeitungen, ohne sich die Stimme ruinieren zu müssen, in den Bars steigt der Umsatz.

Man muß sich das wie einen Kurzschluß in einer dunklen leeren Garage vorstellen.

Zing! Ein heller kleiner Feuerstoß.

Die Weißen – im Profiboxgeschäft nicht viel mehr als dritte Welt – haben eine neue weiße Hoffnung, einen Herausforderer auf den Titel des Boxweltmeisters im Schwergewicht, den Meister aller Klassen. Das hat es lange nicht mehr gegeben, und vielleicht haben die Weißen inzwischen vergessen, worauf sie jetzt hoffen wollen.

Wo waren die weißen Preisboxer? Wie viele gab es denn? Sie haben alle kläglich versagt. Jeder neue Versuch, einen echten Mister America zu küren, endete als blutiges Requiem.

Nicht alle waren schlechte Boxer, aber es ist lange her, seit ein weißer Schwergewichtler in der Lage war, den Titel zu holen, genaugenommen dreißig Jahre, als der Italoamerikaner Rocky Marciano mit einem K.-o.-Sieg in der 13. Runde über Jersey Joe Walcott Weltmeister wurde; danach gab es keinen weißen Amerikaner mehr, der genug Kraft, Kopf, Kinn und Können gehabt hätte. Es war nicht viel mehr als ein Zwischenfall, daß der blonde Schwede Ingemar Johansson das Gesetz der Serie durchbrach, in nur drei Runden Floyd Patterson ausknockte und – zing! – Weltmeister war.

Dem Boxgeschäft hat dieser Zwischenfall enorme

finanzielle Einbußen beschert. Das bevorstehende Wunder soll dafür entschädigen: Larry Holmes gegen Gerry Cooney. Der amtierende schwarze Boxweltmeister verteidigt seinen Titel gegen einen jungen, bisher unbesiegten weißen Boxer. Alle Welt nennt ihn Die Hoffnung, die beste weiße Hoffnung seit Marciano. Sie nennen ihn Das Eigentum, weil er eine wahre Goldgrube darstellt. Nennen ihn Mister Excitement, weil wieder Schwung in der Bude ist.

Er hat viele Namen – und im Namen vieler soll er den Weltmeister besiegen. Für diese eine frühe Chance bekommt der 25jährige Cooney eine garantierte Börse von zehn Millionen Dollar.

10 000 000 Dollar?

Dieser Batzen macht die Stammkundschaft bei Tiffany's zu armen Schluckern. Mein alter Boxlehrer hatte recht: »An dem Sport ist an sich gar nichts auszusetzen, aber sie machen ein Geschäft daraus, und das verdirbt ihn.«

Auch jene, die diesen Sport lieben, haben ihn verdorben – durch zuviel Liebe, wie man ein Kind in seinem Herzen verdirbt, weil es den Schmerz nicht versteht, der durch Mangel an Liebe ausgelöst wird; es wird sich nicht auskennen, wo Kenntnisse nötig wären.

An manchen Tagen, im Zwielicht von Smog und Regen, sieht New York wie das Pappmaché aus, das sie auf deutschen Bühnen für Brecht-Inszenierungen verwenden.

Am 26. Dezember 1908 besiegte in Sidney in Australien der Negerboxer Jack Johnson den weißen Weltmeister Tommy Burns; er schlug ihn derart windelweich, daß die Polizei den Kampf stoppen mußte.

Der Ringrichter war in keiner beneidenswerten Situation. Zum einen konnte er nicht glauben, was sich da vor seinen Augen im Ring abspielte, zum anderen stand ihm eine viel zu schwere Belastung seiner Nerven bevor: Er mußte den weißen Favoriten auszählen – und danach mußte er einen Neger zum Sieger erklären: verständlich also, daß er erst gar nicht mit dem Auszählen anfangen wollte. Und so schritt dann die Polizei ein.

Johnson muß seinen Gegner ziemlich ramponiert haben – hätte sonst Burns bis zu seinem Tod keine Gelegenheit ausgelassen, um jedem Reporter immer wieder die gleiche Lüge aufzutischen? »Wißt ihr, was ich nach dem Kampf tat? Ich nahm die Straßenbahn und fuhr zum Pferderennen. Wo Johnson war, wißt ihr ja. Er saß mit zwei gebrochenen Rippen beim Onkel Doktor.«

Zum erstenmal in der Geschichte des Schwergewichtsboxens – und zur Bestürzung eines jungen Reporters, der Jack London hieß und den Kampf miterlebte – war ein Neger Weltmeister.

»Die Meisterschaft ist das Privileg der weißen Rasse« – das kam, wie in Stein gehauen, aus dem Munde John L. Sullivans, selbst einmal Boxweltmeister, zu einer Zeit allerdings, als man noch mit bloßen Fäusten aufeinander losging und das sechzig, siebzig Runden lang.

»Löscht das Lachen aus seinem Gesicht«, schrieben

die Zeitungen. Sie setzten es in Buchstaben, die breiter waren als der Oberarm eines Bärentöters.

Ein Mann mußte her, der diesem Nigger zeigte, wo sein Platz war: zu Füßen des weißen Mannes. Nur – um ihn dorthin zu bekommen, mußte man ihn ausknocken.

Man muß sich fragen, warum sie ihn nicht gleich da unten in Australien umgelegt haben – das war (und ist) doch sonst nie ein Problem?

Offenbar aber wollten sie es gründlicher machen; es gibt menschlichere Morde als die Kugel oder das Messer, vor allem sollte die Exekution öffentlich stattfinden, vor großer Kulisse.

Die Weißen wollten Amerika noch einmal erobern, dieses Mal symbolisch. Das war, wie sich in den folgenden Jahren herausstellte, jedoch so gut wie aussichtslos. Jack Johnson war ein Genie des Faustkampfes. Und wer nur mit Kraft ausgestattet war und dem Willen, das moralische Recht zu vollstrecken, hatte nicht genug Voraussetzungen, ihn zu besiegen.

Alsbald wurden in ganz Amerika Turniere veranstaltet, Ausscheidungskämpfe für alle in Frage kommenden hellhäutigen Boxer. Besonders einfallsreiche Geschäftsleute ließen ihre Beziehungen bis nach China hinein spielen; sie wollten ein paar brauchbare Kulis von dort importieren. In einem einzigen Jahr traten fünf weiße Männer gegen Johnson an. Es waren die besten aktiven Kämpfer ihrer Zeit. Alle aber wurden besiegt.

Die Ära der weißen Hoffnungen, eine Dekade der Hysterie, der Morde und Lynchjustiz – und des Profits, denn es gab auf beiden Seiten, auf der der Eroberer wie auf der der Gedemütigten, keinen, den diese Rebellion eines einzelnen gegen einen Kontinent nicht interessierte.

Einigen Leuten ging alles nicht rasch genug, sie wollten nicht an Johnsons Unbesiegbarkeit glauben. Und sie überredeten den Ex-Weltmeister James J. Jeffries, der sich bereits im Ruhestand befand, noch ein einziges Mal die Handschuhe überzustreifen – um's dem Nigger zu zeigen. Wieder mischte Jack London mit. Er schrieb eine Petition an Jeffries. »Jeff, it's up to you.«

So recht wollte Jeffries nicht. »Warum soll denn nicht ein Neger Weltmeister sein, solange er sich anständig aufführt?«

Was war denn in Jeffries gefahren? Ahnte er, daß Johnson der Stärkere, der Bessere war? Hatte er etwa Angst?

Aber Jeffries' Argument wollten weder die Frauenvereine noch die Männerkorporationen gelten lassen. Etwas mußte gegen Jack Johnson unternommen werden, denn von einem anständigen, ehrbaren Leben konnte schon deshalb nicht die Rede sein, weil er die Patrioten mit immer neuen Herausforderungen beschimpfte. Zuerst ließ er sich alle Zähne herausreißen und ersetzte sie durch ein Gebiß aus purem Gold. Dann schnappte er sich – war er denn wahnsinnig geworden? – eine weiße Frau.

Jeffries mußte ran, wohl oder übel.

Der Kampf fand am 4. Juli 1910 in Reno in Nevada

statt und endete wie befürchtet: Jeffries hatte keine Chance.

Jetzt holte man die Männer von überall her. Sie kamen aus den Bergwerken, den Kupferminen, den Wäldern und Dörfern. Es kamen Riesen, mächtige Männer, die Namen hatten wie T-Shirt-Aufschriften: Der Kaukasier, Der Riese des Nordens, Der Riese von Pottawotomie, Die Bärkatze. Einen nannten sie den Bombardier, einen anderen: Gunboat, der Schmied. Sie bewiesen ihre Schlagstärke und ihren Vernichtungswillen, indem sie sich gegenseitig die Rippen einschlugen, die Kiefer ausrenkten und die Kopfhaut zerschnitten, bis schließlich zwei Männer übrigblieben.

Da war Al Palzer, der gute Chancen hatte, bis zu dem Tag, als ihn sein eigener Vater, der zuviel getrunken hatte, im Streit erschoß; blieb Luther McCarty, der in einem Aufwärmgefecht gegen Arthur Pelkey antrat. Eine kleine Fingerübung sollte es nur sein – noch im Ring starb McCarty, nachdem er eine Rechte Pelkeys eingefangen hatte.

Der weißen Herrschaft wurde allmählich etwas sehr Naheliegendes klar: Mit sauberen Mitteln war der Situation nicht mehr beizukommen.

Und so kam es dann in Havanna auf Kuba zu Johnsons letztem Gefecht … zum Kampf gegen Jess Willard, der vor allem aufgrund seiner widersinnigen Körpergröße ausgewählt worden war. Willard war ein Riese, wie alle Vorgänger in diesem heiligen Krieg auch, aber dieses Mal wollte man sichergehen und überließ es nicht dem fairen Können zweier Boxer, den Kampf zu entscheiden.

Johnson tat, wie ihm befohlen und wofür er im voraus bezahlt worden war: Er ließ sich in der 26. Runde fallen. Das Gold in seinem Mund und der Schlag seines Herzens waren ihm lieber als der mögliche Sieg – und ein Tod am Nachmittag. Trotzdem waren das Bestechungsgeld und die dunkle Androhung eines Attentats nicht die einzigen Gründe, umzufallen. Was aber sonst? Nichts sonst als Johnsons alte kranke Mutter, die in Amerika lebt. »Nichts wollte ich mehr, als meine Mutter noch einmal sehen, solange sie lebt!« Es war machbar: das Visum zur Einreise gegen den »Verkauf« seines Titels. Die totale Mobilmachung gegen diesen Nigger brach in einer Anekdote bühnenreifer Rührseligkeit zusammen.

Nach dem Niederschlag, der gar keiner war, bedeckte Johnson mit beiden Fäusten seine Augen, um sie vor der brennenden Sonne, die an diesem Nachmittag über der kubanischen Hauptstadt stand, zu schützen. Dieses Foto gilt seither als Beweis, daß der Kampf gegen Willard geschoben war, denn wäre Johnson wirklich bewußtlos zu Boden gegangen, er hätte sich diese Geste sparen können: er wäre in die Finsternis eines traumlosen Knockouts hinabgestürzt, wo ihn kein Sonnenlicht hätte blenden können.

Der hysterische Haß ließ nach. Die Weißen waren wieder dran – und das blieben sie, bis Joe Louis kam.

Nach dem Weltkrieg, schwarze und weiße Soldaten hatten gemeinsam gegen Hitler gekämpft, gab es wenig Grund, das Spiel der Hautfarben auf die gleiche Weise wiederaufzunehmen. Es war freilich nicht so, daß nach der Konfettiparade, die Fifth Avenue hinunter, alle Unterschiede vergessen waren – aber nie wieder tauchte der Begriff der weißen Hoffnung im politisch gefärbten Sinn auf, wenigstens nicht hochoffiziell.

Aber das heißt nicht, daß Jack Londons patriotischer Slogan vergessen war. Ein junger Kerl, der sich bald »Der Größte« nannte, frischte die Erinnerung an diesen Jack Johnson wieder auf.

Ali schraubte die Zeit nicht nur um Jahrzehnte vorwärts, er konnte sie auch – mit einem einzigen Aufschrei – zurückdrehen.

Am Abend des 26. Oktober 1970 war Jerry Quarry, ein Ire, die weiße Hoffnung, als er in Atlanta gegen Ali antrat. Zuerst hatte Ali vorgehabt, diesen Kampf seinem Idol Jack Johnson zu widmen, zurechtgemacht mit einem perlgrauen Derbyhut und einem schwarzgestreiften Mantel über den Boxshorts, wollte er in den Ring steigen. Seine Ansprache vor dem Gong zur ersten Runde sollte mit den Worten enden: »Wo du in diesem Augenblick auch sein magst, du brauchst dir in deinem Grab keine Sorgen zu machen. Diese weiße Hoffnung hat keine Chance.«

Doch Trainer Dundee redete ihm den Quatsch aus. »Du bist einzigartig!« sagte er – was Ali sofort kapierte.

Kein Boxer betreibt seinen Beruf als heiliger Apostel, auch wenn es bei Ali manchmal aussah, als kämpfe er nicht wegen der Millionenbörse, sondern um das Raubtier in ihm zu dressieren und dem Gott in ihm zu huldigen. So ehrgeizig wie er hat keiner die Machtbefugnisse eines amtierenden Boxweltmeisters demonstriert ... er wollte ja auch von Breschnew im Kreml, von Gaddafi im Wüstenpalast empfangen werden. Gerry Cooney, der Lausejunge, schwärmt im Augenblick nur von Hefners kalifornischem Puddingschloß, wo seine Muskeln die Partys verschönern. Der Schlüssel zum Puddingschloß baumelt, zahnstochergroß, bereits neben zwei vergoldeten Boxhandschuhen an einem Goldkettchen um seinen Hals. Moderne Zeiten? »Woolfie-Boy«, meinte er zu mir, »das Leben ist schön und kurz.« Dabei sieht er so groß, stark und siegreich aus, als könne dafür nichts anderes verantwortlich sein als Mutters Apfelkuchen.

Nachdem ich in einer Bar meine Seelenruhe wiederhergestellt habe, nehme ich den Zug nach Huntington, Long Island, wo ich mit Gerry Cooney eine Verabredung habe.

Wie sich im Restaurant seines Bruders, das mit einem kalten Büfett von Cooney-Reliquien aufwartet, gleich herausstellt, ist alles (wie immer) ein Mißverständnis. Er hat nicht die geringste Lust, länger als eine halbe Stunde zu opfern. *Talk is cheap.* Reden sollen andere. Er gehört nicht zu jenen irischen Jungs, die in Jack Londons Kurzgeschichten auftreten. »Aber Liebster, du hast noch nie im Leben eine Rede gehalten«, warf sie hin. »Es wird nicht gehen.« Er schüttelte entschieden den Kopf. »Ich bin Irländer«, verkündete er, »und hast du je von einem Irländer gehört, der nicht reden konnte?«

Oder will er nicht reden? Wenn schon jetzt, noch bevor er den Titel hat, die Bleichgesichter auftauchen aus Übersee, dann ist eine halbe Stunde genau 30 Minuten zu lang. »Ich bin keine weiße Hoffnung, ich bin die Hoffnung meiner Mutter und meine eigene Hoffnung. Sonst noch was?«

»Spreche ich mit dem nächsten Boxweltmeister?«

Cooney gähnt. »Weiß ich nicht.«

»Wirst du Holmes k. o. schlagen?«

»Vielleicht.«

»Die Leute sind nicht alle davon überzeugt, daß ein linker Haken genügt, um Holmes zu besiegen.«

»Laß die Leute reden!«

»Bist du der beste Schwergewichtler in Amerika, auf der Welt?«

»Bin ich das?«

Kein Interview, nichts zu machen. Er sagt häufiger »Ich weiß nicht« als ein Dieb beim Verhör.

»Willst du jetzt meine Kneipe sehen?«

Wir rasen zu einer Baustelle, wo bald eine Disco stehen wird, die allein ihm gehört. Geschmückt mit seinem Namen und ein Geschäft nur so lange, wie er seine Boxkämpfe siegreich beendet. Hier steckt die erste Million drin, die er im Madison Square Garden im Kampf gegen Ken Norton in ganzen 54 Sekunden zusammenverdiente.

Hier stehen sie neben mir, eine Disco im Rohbau und die beste weiße Hoffnung seit Rocky Marciano. Und dabei fällt mir ein, was der Schriftsteller Norman Mailer mal losließ: daß das Innenleben eines Boxweltmeisters die gleichen komplizierten Windungen hat wie das eines Beethoven oder Dostojewski. Guter Gott, wenn es nur wahr wäre!

Er wirkt selbstzufrieden. Ich vermisse in seinen Augen das Feuer, das Charisma eines heißen, hungrigen, hassenden Herzens. Nichts vorhanden von dem brutalen Stolz eines Rebellen wie Roberto Durán, der sich noch heute – als Multimillionär – benimmt, als habe er die Slums seiner Heimat, die von Panama, nie verlassen.

Der Gedanke an Häuser und Grundstücke ist naheliegend, denn Cooneys Manager sind beide Makler von Beruf. Sie haben ihn unter Vertrag genommen, weil sie erstens überhaupt Spaß daran hatten, einen Boxer zu besitzen – und zweitens hatten sie im Fernsehen miterlebt, wie er als Amateur einen mächtig mit den Armen rudernden Russen in der dritten Runde kalt erwischte.

Er war 16. Sein Vater hatte ihn zum Boxer bestimmt, nachdem ihm der Weltkrieg einen Strich durch die Rechnung gemacht hatte. Er hätte Chancen gehabt. Er mischte das halbe Unterseeboot auf, wenn es sein mußte. Einmal unter Palmen, irgendwo in der Südsee, hatte er einen 200 Pfund schweren Ex-Profi und Navy-Meister zu Kleinholz gemacht.

Mit was wohl? Mit einem linken Haken natürlich.

Dann starb der Vater. Als sei er endlich die lästige Bürde der Verantwortung los, warf Cooney jr. seine Boxhandschuhe in die Ecke. Er tat, was Jugendliche sonst so tun: schneller als jeder andere in der Stadt Auto fahren, zwei, drei Mädchen haben – und nie vor zwei, drei Uhr früh nach Hause kommen.

Den knöpften sich nun die beiden reichen Makler vor, machten der frommen Familie erstklassige finanzielle Vorschläge, stülpten ihm – im Namen des toten Vaters! – die Boxhandschuhe wieder über und gaben ihm einen Trainer, den Puertoricaner Victor Valle.

Valle brachte bald Leben in die Arme, Beine und die vielen schweren Kilos. Cooney bedankte sich mit 25 Siegen in 25 Kämpfen, die genau nach Schlachtplan vorbereitet waren. Die Supernieten zuerst, dann die Nieten. Armselige traten an, die nichts hatten als ein dickes Konto an Niederlagen. Eintagsfliegen, die nur einmal wieder die Hand aufhalten wollten und dann umfielen. Es folgten kompliziertere Aufgaben: Ging es im Januar gegen einen Rechtsausleger, wählte man für den Mai einen Linkshänder, war der üble Schläger besiegt, folgte drei Monate später ein Techniker.

So gab man Cooney immer zwei Gewinne: den leichten Sieg und Schulunterricht in Sachen Boxen.

Das mit dem Erbstück, dem linken Haken seines Vaters, stellte sich auch bald als vorteilhaft heraus; damit war der Junge ein Juwel. Und den schleift man langsam, vorsichtig.

Ein falscher Gegner zum falschen Zeitpunkt, ein Kampf zuviel, eine unliebsame Überraschung – das Pokern wäre gelaufen, er wäre im Kurs gefallen wie ein Stein auf Grund. Zum Glück für Cooney verfügten die beiden Makler über eine für jeden Erfolg unerläßliche Fähigkeit: zu wissen, wie ein gutes Geschäft immer besser wird.

Gegen Larry Holmes vor einem Jahr schon anzutreten wäre glatter Selbstmord gewesen – und eine törichte Geschäftsentscheidung dazu. Man muß auch sechs Millionen, ohne mit der Wimper zu zucken, ablehnen können, um zum richtigen Zeitpunkt zwölf zu verdienen, zwölf, zwanzig, dreißig ... da gibt es selten Grenzen, auch wenn heute die Börsen gewaltiger explodieren als im Boxring die Fäuste.

Plötzlich hat es Cooney eilig. Er muß zum Training nach Manhattan. Auf dem Weg zur 30. Straße, wo seine Boxschule ist, schreibt er noch einige Autogramme auf Mützen, T-Shirts, Fahrkarten und Zeitungen, streichelt über Wuschelköpfe kleiner Negerkinder, die ihn bewundernd anlächeln, weil er so stark ist, so groß, so glücklich und bald so reich.

Zu Johnsons Zeiten und danach gab es die Zehn-Dollar-Champions. Heute sind selbst Verlierer zehn Millionen Dollar schwer.

(1982)

Im Wendekreis des Solarplexus

Die Bildung vernichtet bei dem Künstler jene scharfe
Akzentuierung, jene schroffe Färbung, jene Ursprünglich-
keit der Gedanken, jene Unmittelbarkeit der Gefühle,
die wir bei roh begrenzten, ungebildeten Naturen
so sehr bewundern.
Heinrich Heine, 1837

Ich darf gar nicht daran denken, was ich mir schon alles
verscherzt habe, als ich die Frage, was ich gerne geworden wäre, mit »Boxweltmeister« beantwortete. Und in
einem gerade gegen mich anhängigen Verfahren wegen
Körperverletzung – eine nichtige, lächerliche Angelegenheit, die sich nachts in einer Bar abspielte – wird
aus der Tatsache, daß ich ja bekanntlich des Boxens
kundig bin, auf eine besondere Brutalität meines Vor-
gehens geschlossen.

Daß ich Schriftsteller bin, macht die Sache nicht
besser. Zwar hat man, was diesen Berufsstand angeht,
im allgemeinen einige Nachsicht – Schriftsteller mögen unheilbare Trinker, bedrohliche Einzelgänger oder
mitleiderregende Größenwahnsinnige sein. Aber daß
sie ihrer Leidenschaft für das Boxen frönen, ist eine
Zumutung und eigentlich nicht der Rede wert.

Reden wir trotzdem davon. Lassen wir unsere Geschichte am 23. April 1916 beginnen, und zwar in Bar-
celona. Es war Sonntag, und es war heiß, und die Zuschauer füllten die Stierkampfarena bis auf den letzten

Platz. Aber sie warteten nicht auf Stiere, Matadore und den Tod am Nachmittag.

Alle warteten auf Jack Johnson, den herausragenden Fighter seiner Zeit. Sein Gegner hieß Arthur Cravan – und war offensichtlich nicht ganz bei Trost. Er gab sich als Neffe von Oscar Wilde aus, sei nicht allein nur ein Boxer, sondern auch Dichter, »der Dichter mit den kürzesten Haaren der Welt«, Herausgeber einer Zeitschrift für Dichtkunst, Taxifahrer und Gelegenheitsdieb.

Den Journalisten gefiel der Mann, und den Frauen, die sich nichts aus Boxkämpfen machten, gefiel er auch. Man muß Cravan zugute halten, daß er wirklich nicht aussah wie ein Dichter. Sein Körper war austrainiert. Er war schön und stark.

An jenem Nachmittag aber mußte er die Verrücktheit, gegen einen Boxer von der Klasse eines Jack Johnson anzutreten, bitter büßen. Der Kampf war nach einer Minute zu Ende. Cravan wurde ausgeknockt. Eine präzise Lektion: Der Surrealist hatte die Realität eines Kinnhakens kennengelernt, er wurde dorthin geschickt, wo nach Meinung der Mehrheit Typen wie er eben hingehören – ins Reich der Träume.

Der durchschnittliche Boxfan nennt so etwas Schiebung. Und so dachten auch die Katalanen, sie schlugen alles kurz und klein. Sie wollten ihr Geld zurück, um ihm einen Denkzettel zu verpassen. Aber Cravan war so rasch, wie er aufgetaucht war, auch wieder verschwunden.

Beide, der Boxer und der Dichter, hatten eine Gemeinsamkeit: Sie waren pleite und brauchten Geld. Johnson irrte seit langem schon ziellos durch die Welt – Cravan wußte nicht, wie er seine Überfahrt nach Amerika bezahlen sollte. Und im Schnittpunkt dieser Interessen gerieten sie sich vor die Fäuste, wobei Cravan, ganz Gelegenheitsdieb, finanziell gesehen den besseren Schnitt machte. Er hatte sich nämlich bereits vor dem Fight die Kampfbörse auszahlen lassen und saß, als ihn Polizisten und Zuschauer suchten, sicher in der Kajüte des Überseedampfers – eingelullt von der Wirkung der Schläge gegen seinen Kopf und schon auch eingelullt vom leichten Schlagen der Wellen draußen gegen die Bordwand.

Jack Johnson begegnen wir in der Lebensgeschichte eines anderen Schriftstellers noch einmal. Und wieder ist es dabei der Schriftsteller, der die komische Figur abgibt. Der Mann heißt Jack London. Der Schauplatz ist Sidney. Das Datum der 26. Dezember 1908.

Noch ist Jack Johnson nicht Weltmeister, aber an diesem Tag will er es werden – und er wird es. Mit einem Sieg über Tommy Burns, den weißen Champion. Das schwarze Amerika boxt sich zwar in diesem Moment seiner Zukunft entgegen – denn es werden ja vor allem die Schwarzen sein, die sich in diesem Sport hervortun –, aber kein vernünftiger Mensch wollte sich damals schon mit solchen Prophezeiungen trösten. Jack London am allerwenigsten.

Er war einer der berühmtesten Schriftsteller seiner Zeit und befand sich in diesen Jahren mit seiner Yacht

»Snark« auf einer Reise um die Welt. Krank geworden, nahm er in Sidney eine Wohnung und machte eine Kur, die fünf Monate dauerte. »Ich bin hilflos wie ein Kind.« Vor Schmerzen konnte er weder schreiben noch lesen. Er mußte die Yacht verkaufen. Und er haßte sein Schicksal. Das einzige, was er zustande brachte, war ein Bericht über eben jenen Weltmeisterschaftskampf zwischen Burns und Johnson.

Aber dafür machte er alle Reserven locker, denn auch er war davon überzeugt, daß der Titel aller Titel, die Krone im Schwergewichtsboxen, das Privileg der weißen Rasse sein und bleiben müsse.

Mir wird übel, wenn ich mir vorstelle, wie dieser von Wassersucht, Erschöpfung und Verfolgungswahn geschwächte Bärentöter in Sidney am Ring sitzt und, nach dem Ende des Kampfes, in ein rassistisches Kriegsgeheul ausbricht. Man weiß von ihm, daß er lieber eine halbgerauchte Zigarette von einem Aussätzigen annahm, als daß er ihn beleidigt hätte. Warum, zum Teufel, war er dann nicht fähig, den eindeutig besseren Boxer zu würdigen, ungeachtet seiner Hautfarbe? Warum schrieb er nicht einfach nur eine Reportage, sondern startete auch noch eine Kampagne, die dann fast ein Jahrzehnt Haß und Überheblichkeit schürte?

Für bündige Formulierungen war London sehr begabt – und dieses Mal war ihm der Slogan von der »weißen Hoffnung« eingefallen – jenem Fighter, der in der Lage war, diesem Nigger die Goldzähne auszuschlagen, dieses Grinsen auszulöschen in seinem Gesicht.

Erst 1915 war es soweit. Johnson hatte bis dahin den härtesten Schlägern standgehalten, gegen die Patrioten und ihre Morddrohungen aber war er schließlich machtlos. Er ließ sich absichtlich zu Boden schlagen, und dort blieb er liegen, bis sie ihn auszählten. Danach schickten sie ihn ins Exil. Und dort, ein Jahr später, traf er dann auf Arthur Cravan.

Wenn man so will, hat der eine Schriftsteller, Jack London, den unglückseligen Boxer vor die Fäuste jenes anderen Schriftstellers getrieben. Der Dichter kassierte. Der Boxer verbrachte die Nacht ohne einen Pfennig im Gefängnis. Und die Schande trieb ihn weiter.

Es ist nicht nur für die Mentalität sensibler Intellektueller eine Herausforderung, daß einem Menschen einfallen kann, Boxkämpfe faszinierend zu finden, sich an ihnen gar aktiv zu beteiligen. Ganz unerträglich ist die Vorstellung, daß es auch Dichter waren und Schriftsteller, und nicht die schlechtesten, die sich der absurden Kühnheit schuldig gemacht haben, diesen Sport, sein Milieu und seine Helden zu verstehen, zu beschreiben – und manchmal, mit gutem Grund, zu verherrlichen.

Sensiblen Intellektuellen scheint Zivilisation erst vollkommen, wenn dieser Sport nicht mehr existiert. Einen Tritt für jeden, der sich im Wohlstand nicht anpaßt, aber keine Boxhiebe, bitte. Nicht diese blutigen Ballette, keine Gladiatorenkämpfe. Sie hinterlassen auf dem Gewissen der Selbstzufriedenen einen Schandfleck. Die prügeln, aber sie tun es mit den Fingerspitzen. Die gehen über Leichen, aber lautlos. Die treiben die Verlorenen in die Wüste und weinen ihnen dann heuchlerisch hinterher, mit Sozialprogrammen.

Ihre Tränen aber löschen keinen Durst. Bei Boxkämpfen befällt sie Unwohlsein, von dem sie sich erst wieder erholen, wenn sie zurückkehren in den Schlagabtausch um ihre eigenen Interessen. Daß es jemand noch nötig haben soll, mit seinen zwei Fäusten sich durchzuboxen, muß jedem schleierhaft vorkommen, der über die Strategie seiner Ellbogen Kenntnisse besitzt.

Aus der Sportberichterstattung ist der Boxsport bereits ohnehin so gut wie gestrichen. Für die Freunde von Fußball, Golf und Tennis ist er eine fürchterliche Entgleisung, eine Erinnerung an Instinkte, die sie für überwunden ansehen – es sei denn, wir begegnen ihnen in den Alpträumen menschlicher Selbstzerstörung, im Niemandsland zwischen Sex und Liebe.

Sich gegenseitig den Schädel einschlagen, absichtlich und mit der fürchterlichsten Anstrengung? Ist der Kopf denn nicht unser Allerheiligstes? Und Kunst nicht das Gegenteil jener maßlos rohen Barbarei?

Ja, Ali. Na schön, Ali. Aber Ali ist alle. Ein verwirrter, alter Mann in der Mitte seines Lebens. Aber für Schmeling, komisch, würden selbst Hausfrauen noch heute den kleinen Finger opfern.

Doch da sind, unübersehbar und gezeichnet wie Karikaturen, die anderen: Verlierer, Verprügelte, Tote. Und wo sie sind, bleiben Schriftsteller nicht aus. Sie lieben die Geschundenen und Erledigten – vielleicht aus dem einen Grund nur, weil sie die besseren Geschichten abgeben. Schriftsteller sind Schakale. Sie atmen die Luft, an der andere ersticken, wie Wohlgeruch. Was alle schwächt, macht die Story stark. Sie nehmen den Glanz noch von jenen, die ins Dunkel stürzen. Alles ist ihnen recht. Was nicht heißen soll, daß sie keine Moral hätten. Es ist nur eine andere, schwerer verständliche Moral. Sie haben alle ihre Prinzipien, auch wenn sich diese erschöpfen beim Schachspiel der Ästhetik. Wo Sieger feiern, sind sie Partygäste. Wenn sie fallen, beginnt ihr Job. Und doch ist der Schriftsteller der einzige Bruder des Boxers, der Verbündete seiner Einsamkeit.

Wenn vernünftigere Menschen als Dichter und Schriftsteller von der Brutalität des Boxens und von ihrer tödlichen Gefahr reden, bemerke ich immer sehr rasch, wie scheinheilig ihr Interesse an allem Schönen, Sanften und Lebendigen ist. Ich habe diesem mittelmäßigen Mitleid immer intensiv mißtraut – wie auch diese Menschen mir und meinesgleichen mißtrauen, der unberechenbaren Wildheit unseres Willens, unserer unglücklichen Selbstliebe, unseren monumentalen Angstzuständen, unseren kleinen Siegen auf den Ladentischen von Buchhandlungen. Dort ist etwas wie Boxen kein Thema – obwohl es doch eines ist.

»So treiben also zwei große Boxer in einem großen Kampf unterirdische Ströme der Erschöpfung hinab, bezwingen Berggipfel der Agonie, starren auf das Licht ihres eigenen Todes im Auge des Mannes, mit dem sie kämpfen, und wenn sie wider alles Locken der süßen, die Sinne umnebelnden Katakomben des Absinkens ins Vergessen wieder von der Matte aufstehen, gelangen sie auf den Kreuzweg der qualvollsten Wahl, die es für ein Karma gibt – nur daß wir sie so nicht sehen, da sie nicht in erster Linie Männer des Wortes sind.« Also spricht Norman Mailer, der wahrscheinlich sachkundigste, begeisterungsfähigste und wortgewaltigste Schriftsteller unter allen, die diesen Sport lieben. Natürlich hat auch er geboxt: mit befreundeten Kollegen, mit hassenswerten Kritikern, mit Filmstars und echten Champions. Mailer, der immer so tut, als plane er mit jedem neuen Buch einen Banküberfall auf den Nobelpreis, schreibt nicht aus Mitleid mit den Besiegten – er neigt das Haupt vor der Größe, mißt den eigenen Mut am Herzschlag des Dinosauriers.

Wie alle Schriftsteller und Dichter neigt auch er zu Übertreibungen, und deshalb kommen ihm die Übertreibungen des Boxsports so gar nicht übertrieben vor. Gibt es, fragt er zurück, etwas Normaleres, als daß sich zwei Männer, austrainiert und mit dem unbedingten Willen zum Sieg, unter Beachtung gültiger Regeln, miteinander messen? Und jeder kämpft ja nicht nur gegen den Mann vor ihm – er kämpft, wie du und ich auch, allein gegen sich selbst, gegen die eigene Müdigkeit, Mutlosigkeit, gegen die Verzweiflung und die Bitterkeit einer drohenden Niederlage. Erfahrungen, die letzten Endes ein Mysterium sind.

Es ist gut, daß etwas von der Kraft der Phantasie hinüberstrahlt auf die Kraft gut gezielter Haken und daß die Würde des Kämpfers auch dem Schriftsteller etwas von jenem Glanz zurückgibt, der ihm abhanden kam.

Der Wortgewaltige teilt das Schweigen des Freundes »mit jener Eigenschaft der größten Puncher: Schläge hinnehmen können, stehn ...« (Gottfried Benn)

»Ich habe geboxt, und noch bis vor kurzem habe ich überall, wo ich gelebt habe, jeden Morgen ein wenig am Punchingball trainiert«, schreibt Georges Simenon.

Bertolt Brecht läßt in ›Mahagonny‹ einen Chor singen: »Erstens, vergeßt nicht, kommt das Fressen. Zweitens kommt der Liebesakt. Drittens das Boxen nicht vergessen.«

Der japanische Schriftsteller Yukio Mishima beginnt mit dem Boxtraining nur, um sich auf seinen Selbstmord vorzubereiten. »Um es kurz zu machen, mir fehlten einfach die nötigen Muskeln für einen dramatischen Tod.« Jahre später machte er dann, sehr dramatisch, Harakiri.

Miles Davis will nach seinen Drogenexzessen einfach wieder in Form kommen: »Inzwischen hatte ich Bobby McQuillen davon überzeugt, daß ich jetzt clean genug war, um bei ihm Boxstunden zu nehmen. Sooft ich konnte, ging ich zum Training, und Bobby brachte mir das Boxen bei. Er nahm mich schwer in die Mangel. Wir wurden sogar Freunde, aber vor allem blieb er mein Trainer, denn ich wollte boxen wie er.

Bobby und ich sahen uns öfter einen Kampf an und trainierten in Gleason's Gym im Zentrum oder in Silverman's Gym oben in Harlem, an der 116ten Straße, Ecke achte Avenue. Auch Sugar Ray trainierte dort immer, und sobald er auftauchte, hörten alle andern auf und schauten ihm zu.

Bobby konnte dir alles über den Swivel erzählen, so nenne ich es jedenfalls, wenn man in den Hüften pendelt und mit den Beinen tänzelt und dabei jemandem einen Schlag versetzt. Auf diese Weise hat der Schlag viel mehr Wucht. Bobby war wie Blackburn, der Trainer von Joe Louis, der Joe beibrachte, wie er beim Punchen tänzeln mußte. Deshalb konnte Joe jeden mit einem einzigen Schlag zu Boden schicken. Ich kann mir vorstellen, daß Bobby es sogar von Joe gelernt hat, denn die zwei kannten sich und stammten beide aus Detroit. Johnny Bratton boxte genauso. Und Sugar Ray beherrschte den Swivel ebenfalls. Das war nur eine der Bewegungen, die alle berühmten Boxer bei ihren Kämpfen verwendeten.

Es ist eine Bewegung, die du immer wieder üben mußt, bis du sie drinhast, bis sie wie ein Reflex kommt, instinktiv. Es ist wie bei einem Musikinstrument; du mußt ständig üben, immer und immer wieder. Viele Leute sagen mir, daß ich den Verstand eines Boxers habe, daß ich wie ein Boxer denke, und wahrscheinlich stimmt's. Ich bin ein aggressiver Mensch, wenn's um Dinge geht, die mir wichtig sind, wie zum Beispiel meine Musik, oder Dinge, die ich durchsetzen will. Sobald ich das Gefühl habe, daß mir jemand unrecht tut, kämpfe ich – auch mit meinem Körper. So bin ich immer gewesen.

Boxen ist eine Wissenschaft für sich, und ich schau mir wahnsinnig gern einen Kampf zwischen zwei Jungs an, die genau wissen, was sie machen. Wenn zum Beispiel ein Boxer seinen Jab in die Seite des Gegners plaziert. Entkommt der Junge dem Jab, weicht nach rechts oder links aus, dann mußt du wissen, auf welche Seite er geht, und in dem Moment zum Schlag ausholen, wenn er seinen Kopf bewegt, damit er genau in deiner Schlaglinie landet. Das ist Wissenschaft und Präzision und nicht irgendwelche blinde Drescherei, wie manche behaupten.«

Vladimir Nabokov erinnert sich (in einem 1932 geführten Interview mit Andrej Sedych) an seine Landung in Amerika. »Schon am Pier habe ich über die Zollbeamten gestaunt. Als sie meinen Koffer aufmachten und zwei Paar Boxhandschuhe fanden, haben zwei Beamte die Handschuhe angezogen und zu boxen angefangen. Ein dritter Beamter interessierte sich für meine Schmetterlingssammlung und empfahl sogar, die eine Art ›Kapitän‹ zu nennen. Nach Beendigung des Gesprächs und des Boxkampfs ließen mich die Beamten den Koffer wieder zumachen, und ich konnte passieren.«

An einer anderen Stelle des Gesprächs spricht er von seiner »großen Liebe zu Tennis, Fußball und Boxen«. Und schon vorher, 1925 in Berlin, überraschte er das Publikum eines exilrussischen Literatenzirkels mit einem ›Vortrag über die Freuden des Boxsports‹, angeregt durch einen Kampf, den er am 1. Dezember 1925 im Berliner Sportpalast miterlebt hatte: Paolino Uzcudun, »der baskische Holzfäller«, der spätere Europameister im Schwergewicht, gegen Hans Breitensträter, den »blonden Hans«, den amtierenden Meister, ein Kampf, den der Liebling des Berliner Boxpublikums in der neunten Runde, schwer ausgeknockt, verlor. »Der Wettkampf war zu Ende – und als wir in Massen auf die Straße strömten, in das frostige Blau der Schneenacht, war ich sicher, daß selbst der schlaffste Familienvater, der bescheidenste Jüngling, die Seelen und Muskeln der ganzen Menge, die sich morgen früh auf die Kontore, Läden und Betriebe verteilen würde, ein und dieselbe Empfindung verspürten, deretwegen es sich gelohnt hatte, zwei hervorragende Boxer zusammenzubringen, das Gefühl einer sicheren, sprühenden Kraft, Lebendigkeit, Tapferkeit, hervorgerufen durch das Spiel der Boxer. Und dieses spielerische Gefühl ist vermutlich wichtiger und reiner als viele der sogenannten erhabenen Genüsse.«

Nelson Algren, der bedeutende, aber vergessene amerikanische Schriftsteller, hat zwar selbst nie ernsthaft geboxt, aber einige der besten Kurzgeschichten und einen großen Roman (›Calhoun‹) über das Boxen geschrieben. Auf die Innenseite seines Oberarms hatte er sich ein Paar Boxhandschuhe tätowieren lassen – Symbol der Barmherzigkeit mit dem kleinen, namenlosen Helden auf der Schattenseite des Lebens.

Als Jack London seinen im Boxermilieu spielenden Roman ›The Game‹ veröffentlicht hatte, wehrte er sich. »Die Realität wird angezweifelt. Ich glaube kaum, daß der Kritiker in diesen Dingen soviel Erfahrung hat wie ich. Ich glaube kaum, daß er weiß, was es heißt, niedergeschlagen zu werden oder einen anderen niederzuschlagen. Ich habe diese Erfahrung gemacht.«

Vladimir Nabokov offenbar auch, denn von ihm gibt

es in dem bereits erwähnten Text seines Vortrags, wo er sich beeilt, »den Herrschaften mit den schwachen Nerven mitzuteilen, daß die durch einen solchen Schlag [gemeint ist der K.-o.-Schlag] hervorgerufene Ohnmacht gar nicht unangenehm ist, im Gegenteil«, noch folgende autobiographische Erinnerung: »Ich selbst durfte es einmal erleben und kann versichern, ein solcher Traum ist eher angenehm. Am Ellenbogen gibt es einen Knochenhöcker, der auf englisch funny-bone und auf deutsch ›Musikantenknochen‹ heißt. Bei einem starken Schlag auf den äußeren Winkel des Ellenbogens kommt es zu einem sofortigen leichten Sirren in der Hand und zu einer augenblicklichen Erstarrung der Muskeln. Etwas Ähnliches passiert, wenn man mit großer Kraft ans untere Ende des Kinns schlägt. Kein Schmerz. Nur das Erklingen eines feinen Tons und ein augenblicklicher, angenehmer Traum, der von einigen Sekunden bis zu einer halben Stunde dauern kann.«

Auch Charles Bukowski teilt diese Erfahrung. Ihn hat es zwar nie gereizt, selbst in den Ring zu steigen, dafür hat ihn das Leben verprügelt. Und so beließ er es bei einem Stapel Gedichte und einigen Wagenladungen mit Geschichten darüber. Und immer läuft es bei ihm auf die gleiche ehrliche Antwort hinaus: »Ich war schon immer ein schlechter Sieger.«

Der schlechteste aller Verlierer war Ernest Hemingway. Das Boxen gehörte für ihn zum gleichen Kult wie der Stierkampf, die Löwenjagd und die Jagd auf schöne Frauen. Er gab nicht nur dem Dichter Ezra Pound Boxunterricht, sondern auch seiner vierten Frau Mary und sogar Marlene Dietrich, die später, wie er stolz bemerkte, Jean Gabin in einen Schneehaufen boxte. Und da er bekanntlich viel trank und dabei wegen seines majestätischen Großmauls häufig mit anderen Gästen in Schwierigkeiten geriet, entwickelte er eine bestimmte Technik des Barkampfes. »In der guten alten Zeit konnte ich einen Kerl leicht mit der Linken an seiner linken Schulter berühren und dann mit der Rechten auf diese Distanz zuschlagen. Jetzt habe ich herausgefunden, daß meine Rechte leicht danebengehen kann, weil ich nicht mehr so gut sehe. Deshalb lande ich jetzt zuerst die Rechte innen an seinen Ellbogen, um seine Linke abzuschneiden, und lasse dann zwei linke Haken folgen, einmal oben, einmal unten. Natürlich trete ich ihm zuerst auf die Füße, um sicher zu sein, daß er da ist.«

Hemingway, das Groupie der Gewalt, hat auch literarisch in den Kategorien des Kampfes gedacht. Ein besonders deutliches Beispiel findet sich in einem Brief an William Faulkner. »Warum wollen Sie in Ihrem ersten Kampf gegen Dostojewski antreten? Schlagen Sie Turgenjew. Dann nehmen Sie sich de Maupassant vor (zäher Bursche, aber immer noch für drei Runden gefährlich). Dann versuchen Sie, Stendhal zu erwischen.«

Ob Faulkner die Ärmel hochgekrempelt hat, um sich wenigstens halbtot zu lachen?

»Laß dich nie mit Besiegten ein.«

Diesen törichten Satz hat Hemingway erst spät geschrieben und in dem Buch ›Der alte Mann und das Meer‹ herzzerreißend und weise revidiert, am Ende seines Lebens, als er seiner überlebensgroßen Niederlage gegenüberstand: dem Verschwinden seiner schriftstellerischen Begabung.

Seit seiner Zeit als junger Zeitungsreporter beim ›City Star‹ in Kansas hat Hemingway die Fäuste geschwungen. Und er war nicht nur damit zufrieden, körperlich fit zu sein für Frauen, Löwen und den Schreibtisch, sehr viel vom Boxen zu verstehen und unter den besten Boxern seiner Zeit Freunde zu haben. Hemingway schrieb, wie gute Boxer boxen: ohne überflüssige Schnörkel, knapp, hart, präzise, konzentriert, die kurzen Sätze gezielt wie eine herausgestochene Linke. Es gibt in der Literatur keinen zweiten, der sein Verständnis für das Boxen stilistisch so genau umgesetzt hat wie er.

Ist seine Sprache, sein Stil eine ziemlich genaue Analogie zum Wesen des körperlichen Dialogs, den zwei Kämpfer austragen – so ist das Leben von Jack London eine ebensolche Analogie, keine stilistische zwar, dafür eine existentielle.

Boxen heißt: Gosse, Ghetto, Kampf. Und bei allem Triumph, den ein Boxer auf sich konzentrieren kann, glänzt Gold, glänzt Geld einfach am hellsten und schönsten. Und Jack London, der aus der Armut kam, nahm genau diesen Kampf ums Gold auf, mit seiner Schreibmaschine – und damit ist nicht das romantische Gold gemeint, das er (und seine Helden in den Erzählungen) in Alaska geschürft haben. »Geld will ich, oder vielmehr die Dinge, die man für Geld kaufen kann.«

Dafür schuftete er wie ein kommender Weltmeister. Täglich, pünktlich, ohne die geringste Ablenkung. London hatte es verdammt eilig. »Ich bemühe mich, eine Geschichte so klar zu erzählen, daß jemand, der es eilig hat, sie lesen kann.« Und er wurde gelesen, viel, sehr viel gelesen. Und das Geld häufte sich an. Und London machte seine Träume wahr: Pferde, eine Ranch, eine Yacht. »Ich glaube nicht, daß ich viel schreiben würde, wenn ich es nicht müßte.« Er schrieb zeitweise so viel, daß ihm die Themen ausgingen. Er suchte verzweifelt (wie groß herausgekommene Boxer verzweifelt nach neuen Gegnern suchen) nach Stoffen für Geschichten für Magazine. Der junge, spätere Nobelpreisträger Sinclair Lewis schickte ihm welche, für 7,50 Dollar das Stück. Unter anderem stammen die Ideen für ›The Game‹ und ›Der Boxer im Frack‹ von Lewis.

Jack London hatte es geschafft und verlor jedes lebendige, wahrhaftige Verhältnis zu seinem Beruf. Wie ein Boxer, der über allen Erfolg nur lustlos geworden ist, plagte sich London über die Runden – zu immer neuen Büchern, neuen Erfolgen, neuen Honoraren. Täglich hieb er seine tausend Wörter (in genau anderthalb Stunden) aufs Papier – und kassierte. »Der einzige Grund, weshalb ich weiterschreibe, ist das Muß. Müßte ich nicht, ich schriebe keine Zeile mehr.« Eines Tages beging London Selbstmord.

Wie Hemingway, der sich umbrachte; wie Yukio Mishima, der sich umbrachte; wie Arthur Cravan, der sich umbrachte.

Mit Jean Cocteau kommen ein Hauch Syphilis und

ein Duft Opium in eine Geschichte, die sonst von Schweiß pur nur so trieft. Daß er im Boxmilieu überhaupt eine Rolle gespielt hat, erzählt uns der spanische Maler Eduardo Arroyo in einem Buch, dessen Titel den Namen jenes Boxers trägt, dessen Lebensgeschichte es erzählt: Panama Al Brown. Cocteau hat den Ex-Weltmeister im Bantamgewicht in einem Pariser Nachtlokal gesehen, wo er die Band dirigierte und seilsprang. 1936, zwei Jahre nachdem er den Titel in Valencia an den Spanier Baltazar Sangchili verloren hatte, einem Kampf, um den es eine Menge Gerüchte gab: so soll Brown noch am Vorabend des Kampfes durch Flamenco-Lokale gezogen und erst am nächsten Morgen, dem Tag des Kampfes, stark angetrunken in seinem Hotel aufgetaucht sein. Tief war der Mann gesunken, der einmal so viel Geld verdient hatte, daß er es sich leisten konnte, seine Hemden zum Bügeln nach London zu schicken. Der süchtige, vom Opium angefressene Cocteau, der als Künstler fragwürdig, als Genie aber eine Sensation war, Cocteau, der unsterbliche Schwächling, dieser Cocteau war wie vom Blitz getroffen, als er den schwarzen Prinzen sah. Und er handelte, was seiner selbstgefälligen Trägheit mehr gefiel, als sich nur eben einen Abend lang verzaubern zu lassen von der Melancholie dieses über einem Abgrund strampelnden Tänzers. Panama Al Brown wurde sein Schützling. Mit dem Geld der Mode- und Parfümschöpferin Coco Chanel schickte er Brown aufs Land zum Training. Cocteau wollte aus ihm wieder einen Weltmeister machen.

Er rief die Zeitungsleute zu sich und diktierte ihnen

den Beginn seiner Unternehmung. Panama Al Brown wird den Titel zurückerobern … unter meinen Fittichen.

Beide, der Boxer und wieder die seltsam komisch schillernde Figur des Dichters, bildeten ein unerschöpfliches Gesprächsthema jener Jahre. Und tatsächlich, Brown kam wieder in Form und das, obwohl er, nach einem Monat auf Entzug, wieder rauchte, nachmittags Champagner und zu den Mahlzeiten Bordeaux trank. Und unten in der ersten Reihe saß Cocteau und strahlte aus trüben Augen hinauf in eine Welt, die er zwar erfaßte, der er aber fremder blieb als jeder andere Schriftsteller, der sich je auf sie einließ.

Als Brown seinen Weltmeistertitel zurückhatte (am 4. März 1938 im Pariser Palais des Sports im Revanchekampf gegen Sangchili), rief Cocteau erneut die Journalisten zu sich und diktierte ihnen den Abgesang. Er forderte Brown auf, am wunderbaren zweiten Höhepunkt seines abenteuerlichen Lebens Schluß zu machen, die Boxhandschuhe an den Nagel zu hängen. Verständlich. Nur: Panama Al Brown, inzwischen selbst opiumsüchtig, von Champagner abhängig, von Syphilis gekennzeichnet, ein Spieler, Musiker, dazu schwul und schwarz – was sollte er nun? Gut, er mußte aufhören, und er gehorchte seinem Mephisto d'amour. Aber danach? Was sollte aus ihm denn werden? Das verdiente neue Geld war längst wieder auf den Kopf gehauen, und der Zauberer ließ seinen Stab fallen. Für ihn hatte sich – Panama Al Brown war noch schweißüberströmt vom erneuten Kampf um den Titel – der Vorhang gesenkt.

»Meine Rolle als Dichter hört da auf, wo die Wirklichkeit beginnt.« Cocteau besorgte ihm noch einen Job im Zirkus Médrano, choreographierte für diesen Anlaß für ihn sogar einen »Schatten-Boxtanz«, mit dem er dann eine sechsmonatige Tournee durch Europa antrat. Ein Neger kann nichts tun, was ihm nicht mehr oder weniger zum Tanzen gerät, sollte Lawrence Durrell später schreiben, und er kann mit den Knochen atmen! Kurz vor Ausbruch des Zweiten Weltkriegs ging der erledigte Champion zurück nach Amerika, wo sich niemand für ihn als Attraktion begeistern konnte, reiste weiter nach Panama, wo er, dem nach seinem Sieg gegen Sangchili der höchste panamesische Orden verliehen worden war, wenig einfallsreich eine Bar eröffnete und, noch weniger einfallsreich, pleite ging. 1950, inzwischen achtundvierzig Jahre alt, tauchte er erneut in New York auf, in Harlem, hielt sich als Tellerwäscher über Wasser und verdingte sich nebenbei, und das für einen Dollar pro Runde, als Sparringspartner.

Panama Al Brown starb im gleichen Jahr in New York, unbekannt wieder und einsam. Jean Cocteau hingegen betritt die Akademie der Unsterblichen.

Kommen wir zum Schluß unserer Geschichte, und kehren wir zum Anfang zurück. Im Jahr 1885 erscheint in England, in einer Monatszeitschrift des wissenschaftlichen Sozialismus, der Abdruck eines Romans von George Bernard Shaw: ›Cashel Byron's Beruf‹. Der Name des Helden ist eine Anspielung auf Lord Byron, der ein großer Boxfan war – und wegen seiner Neigung zur Fettleibigkeit sogar selbst geboxt hat. Und demnach ist klar, was für einen Beruf dieser Cashel Byron ausübt: den des Boxers. Der erste Boxer der Romanliteratur. Natürlich war George Bernard Shaw alles andere als ein Sportsmann, und was er über das Boxen wissen mußte, holte er sich aus alten Folianten in der Bibliothek des Britischen Museums.

Aber er war Schriftsteller, und deshalb interessierte ihn nur eines: die gute Story. Und die spielte ihm nun eben, sei's drum, einen Faustkämpfer in die Hände. Und er machte daraus einen Unterhaltungsroman, der die Leser der Zeit verblüffte.

Später beklagte Shaw, daß er sich in die Niederungen des Happy-End begeben hätte, denn Cashel Byron heiratete eine steinreiche, junge, selbstbewußte Aristokratin – aber wie konnte sie nur? Einen Boxer?

Bis das alles stattfinden darf, erfahren wir, welchen gesellschaftlichen Rang ein Boxer im alten England hatte – obwohl doch England als Geburtsland dieses Sports gilt. Aber damals war das Boxen eine ungesetzliche Berufsart, von der sowohl das Bürgertum wie die Aristokratie annahm, »daß sie allmählich ungebräuchlich werden würde«.

Auf die tapfere, verliebte Miss Lydia ergießt sich also eine Suada von Erklärungen, die den Boxsport aus damaliger Sicht erläutert. »Ein Preisboxer ist gemeiniglich ein Mensch von natürlich wildartiger Veranlagung, der sich unter den Leuten seiner Umgebung einen gewissen Ruf als Raufbold erworben hat und infolge immerwährender Streitigkeiten über einige Geschicklichkeit im Boxen verfügt.« Das Boxen verlangt, wie die zahlreichen Mitbewerber um Miss Lydias Gunst auftischen, »die Widerstandsfähigkeit eines Stieres und die Grausamkeit eines Schlächters«. Als das bei Miss Lydia offenbar immer noch nicht die gewünschte Wirkung tut, malen sie ihr die Zukunft eines Boxers aus. Er endet »mit untergrabener Gesundheit, entstelltem Gesicht, naturgemäßer Brutalität und anrüchigem Ruf«. Hatte sie noch nicht begriffen? »Hat er sich Geld erspart, so macht er eine Sportkneipe auf, wo er Spirituosen der schlimmsten Sorte an seine früheren Rivalen und deren Genossen verkauft und sich selbst allenfalls den Tod oder den Bankrott antrinkt.« Aber Miss Lydia läßt sich nicht erschrecken. Schon als Kind war sie von ihrem Vater gewarnt worden: »Hüte dich vor Malern, Poeten, Musikern und Künstlern aller Art.« Und als junges, fast erwachsenes Mädchen hatte sie in ihr Schlafkissen gestöhnt: »Wenn man nur ein einziges Mal einen gebildeten Mann finden könnte, der niemals ein Buch gelesen hätte.«

Sie fand ihn. Und er war Boxer.

(1984/2005)

Danke, Schmeling

Picasso bin ich nie begegnet. Strawinski auch nicht. Aber endlich Schmeling. Und wie es bei der Begegnung mit einer Legende nun einmal ist, wird man erst in der Erinnerung glauben, daß sie wirklich stattgefunden hat.

Es war zehn Uhr morgens. Ein nasser, kalter, grauer Tag im August. Schmeling begrüßt mich in seinem Büro in Hamburg. Mit Handschlag. Ein Händedruck, der mich durchzuckt, sehr sanft. Da ist sie, seine rechte Hand, die berühmte, die ruhmreiche Rechte. In ihrer kompaktesten Form als bandagierte Faust und in ihrer wirksamsten Anwendung, nämlich gerade geschlagen und kurz angesetzt, hat sie vor einem halben Jahrhundert an der Kinnspitze von Joe Louis ihr Wunder vollbracht.

Buchstäblich mit einem Schlag wurde er zum Star. Aber natürlich lagen in diesem Schlag alle Erfahrung, alle Entbehrung, jeder gelaufene Trainingskilometer, die radikale Ruhe eines selbstsicheren, zum Absoluten entschlossenen Athleten – und ein Faß voller Schweiß. Dieser Schlag war die Summe seiner bisherigen Karriere, ausgeführt in perfekter Vollendung, mit dem sicheren Instinkt für Millimeterarbeit, die nur dann zu etwas gut ist, wenn sie sich mit der geballten Wucht aller Körperkräfte vereinigt. Das alles dauerte nur eine einzige Sekunde, aber nach dieser Sekunde begann für

Schmeling eine andere Zeitrechnung, die Zeitrechnung der Unsterblichkeit.

Ich war noch nicht geboren, noch lange nicht; nicht einmal meine Eltern waren einander schon begegnet, als das junge schwarze Genie Joe Louis in der 12. Runde einsehen mußte, daß Genie nicht alles ist. Getroffen von Schmelings rechter Hand – die, die ich eben noch ehrfurchtsvoll, wie eine Reliquie fast, umklammert hielt –, knickt er weg und wird ausgezählt. Die schwarzen Mitbrüder, die Ärmsten unter den Armen, haben auf ihren Gott gesetzt, alles gewettet – und verloren. Und nicht nur Geld, sondern ihre Hoffnung. Harlem schweigt. Die Musik ist vorbei. Irgendwo in den Zimmern der teuersten Hotels von New York werfen Manager ihre Zigarren ins Badewasser und ihre Blondinen wieder auf die Straße. Nein, der Weltkrieg ist noch nicht ausgebrochen. Und der Kampf gegen Joe Louis war auch kein Kampf um die Weltmeisterschaft. Aber neben der Bitterkeit einer nationalen Niederlage würgt sie in diesem Jahr 1936 eine tiefer sitzende, quälendere Angst: die vor dem rücksichts- und mitleidlosen Regime des Nationalsozialismus.

Dabei haben wir es hier, um wieder auf den Teppich zu kommen, nicht mit der arischen Rasse zu tun, sondern mit der einsamen Klasse eines deutschen Schwergewichtsboxers.

Obwohl ich mit Schmeling an diesem frühen Morgen zum Interview verabredet bin, war ich schon in den Tagen zuvor einfach nicht in der Lage gewesen, mir auch nur ein paar neue, vernünftige, vielleicht sogar überraschende Fragen zu notieren. Zwei Generationen vor mir haben alle Fragen längst gestellt, und die Antworten füllen inzwischen Bände von Leitz-Ordnern.

»Darf ich Ihnen etwas zu trinken anbieten?«

»Keine Cola.«

Schmeling nimmt diese Anspielung gelassen und bestellt sich selbst eine. Immerhin sitzen wir hier in einem Coca-Cola-Hauptquartier – und Schmeling ist der Boss. Aber so früh verträgt mein Magen keine Cola: ich vertrage kaum, daß ein anderer eine trinkt. Aber Respekt: Der Mann ist doppelt so alt und haut sich morgens um zehn eine Cola rein. Aber ist es die Lust auf Durst oder die selbstverständliche Solidarität eines Geschäftsmannes mit dem Produkt, das er herstellen läßt?

»Was, um Himmels willen, wollen Sie denn noch wissen?« fragt Schmeling mit gespielter Ratlosigkeit. Und mit Blick auf das dicke Buch seiner Erinnerungen, das ich bei mir habe: »Da steht doch wirklich alles drin.«

Stimmt. Da steht alles.

Ich bin unzufrieden. Aber dann beginnt er einfach drauflozuerzählen: gute, alte Geschichten aus der guten, alten Zeit. Es ist, als kenne er seine Memoiren auswendig. Ich habe dabei Gelegenheit, Schmelings körperliche und geistige Verfassung zu bewundern. Selbst im achtbar hohen Alter von achtzig Jahren ist er beeindruckend da. Ein solides Stück Natur wie eh und je. Und noch immer sieht er imponierend gut aus. Er hat eine tiefe, wohlklingende Stimme, leichte, elegante Bewegungen und jenes Lächeln, von dem man nicht weiß, ob es von einer noch immer jugendlichen Schüchternheit herrührt oder von jener Art unbewußten Selbstvertrauens, wie es Ausnahmeathleten seines Kalibers eben haben müssen.

Er ist auf eine entwaffnende Weise höflich. Und er ist bescheiden, ein wahrer Buddha an Bescheidenheit. So lerne ich ihn kennen, wie ihn alle kennen, menschlicher als der beste aller Menschen ... Aber, frage ich mich, wie interessant kann ein liebenswürdiger Mensch sein? Was für eine Story ergibt ein so prachtvoll glücklicher Mensch?

Ich habe mit glücklichen Menschen so meine Schwierigkeiten – und hätte sie auch mit Schmeling, wenn ich ihn nicht einzig und allein für jene Eigenschaften bewundern könnte, die man sich nur im Kampf abverlangt, im Fegefeuer der Fäuste, im Boxring also. Daß Schmeling das unantastbare Idol ist, interessiert mich nicht.

Der Ruhm hat Schmeling verewigt, der Nachruhm aber überzuckert. Ich will durch den Zucker zurück zu Schmeling, dem Boxer.

Was haben die Journalisten nicht schon alles über ihn geschrieben. Was keinem seiner Gegner im Ring gelang, schafften sie. Sie hackten ihn klein, in kleine, gut verzehrbare Stücke – für den deutschen Hausgebrauch. Sie haben ihn in Serie gehen lassen als »Maxe, unser bestes Stück«, haben ihn ausgeschlachtet als Volkshelden, haben sein (in der Tat märchenhaftes) Lebens- und Liebesglück als Schnulze zubereitet und serviert, als ließe sich die Wahrheit über Schmeling auf die Formel eines alten Ufa-Schlagers bringen: ›Mit dem Glück auf du und du‹.

Kaum waren die Ringstrahler über der Boxarena erloschen, überstrahlten immer neue Regenbogen diesen Mann. Mittelmäßige Lohnschreiber haben ihn zum Musterknaben der Nation popularisiert, als sei seiner Popularität noch irgendein Süßstoff beizumengen. Und so wurde er schließlich das Heiligenbild einer Bevölkerung, für die es allerdings eine arge Belastung darstellen würde, müßte sie mal einen richtigen Boxkampf aus der Nähe miterleben. Er wurde zum Inbegriff des tüchtigen, redlichen, grundanständigen Deutschen, als würde Schmeling nie etwas anderes von sich gegeben haben als eben rührende Allerweltsweisheiten. Ja, als sei er nie ein Boxer gewesen.

Daß er seinen Sport als »die ehrlichste Auseinandersetzung, die ich kenne«, bezeichnet hat und das auch in unserem Gespräch wiederholt, überhören sie – davon wollen Sonntagsprediger nichts hören. Und so ist Schmeling, solange ich, der Nachgeborene, zurückdenken kann, der in Trauerzeiten ausgestellte Luxusgegenstand geblieben – aber wer trauert in diesem Land eigentlich um seinen Boxsport? Sie erinnern sich an ihn mit der gleichen, alle Zukunft mißbilligenden Sentimentalität, wie sich alte Menschen an schwere Zeiten erinnern, an die wirren und verwirrenden, die verrückten und verruchten Zeiten der zwanziger und dreißiger Jahre.

Es ist wahr, die Zeit reduziert eine Persönlichkeit auf

ihre Essenz, und bekanntlich wird eine Essenz um so luftdichter verpackt, je kostbarer sie ist.

Da habe ich die Amerikaner ihre Hochachtung für Schmeling anders, fachkundiger und sehr viel realistischer ausdrücken hören. Und damit meine ich nicht nur jenen leichteren, aufmerksameren Tonfall, der in ihren Stimmen mitklingt, wenn sie vom Boxsport und ihren Helden reden, sondern einfach ihr fundamentales Verständnis dafür, was ein Boxkampf überhaupt ist. Und daß man diesen Blues tanzen muß, ob man will oder nicht. Und Schmeling – hat er ihn nicht lange und gut getanzt? Er ist – um es in ihrem Jargon zu sagen – »real life«.

Amerika ist noch immer das Land, wo ein Schwergewichtsweltmeister »der große Zeh Gottes« ist, wie Norman Mailer schrieb. Und schon deshalb verstehen die Leute dort, auch der kleinste Mann am Tresen seiner Whiskykneipe, etwas von der peitschenden Paranoia eines erbitterten Fünfzehn-Runden-Kampfes. Bei der bloßen Erwähnung des Namens Schmeling sind sich Taxifahrer, Barkeeper und der Geschäftsmann in Manhattan einig: *what a right hand!* Ihre Augen leuchten auf. In Erinnerung und anerkennender Begeisterung schaukeln ihre Köpfe von oben nach unten, von rechts nach links. Außerdem, sagen sie dann, hat er eine Filmschauspielerin geheiratet. Und sie sagen es, als redeten sie von Gottes Goldplombe. *He was smart.* Smart war er.

Das ist nun genau jene Art von Kompliment, die in Deutschland als Unhöflichkeit gilt. Hier lebt er fort als das Lieblingskind jener konservativen Kreise, die ihn als Vorbild verehren für gerade jene Tugenden, die immer schon zu nichts weiter als zu gräßlichen Mißverständnissen geführt haben. Eine Rolle, an der er nicht ganz schuldlos ist, die ihm aber, wenn ich mich in diesen zwei kurzen Stunden mit ihm nicht völlig getäuscht habe, nicht gefallen kann. Er wird nach Maßstäben gemessen, die moralischer Natur sind. Ich verehre ihn, wie es seine Fans drüben (und in der restlichen weiten Welt) tun, als einen der fünf besten Schwergewichtsboxer aller Zeiten. Die kurz angesetzte und gerade geschlagene Rechte hat die Sterne vom Himmel gerissen. Das war's. Und so soll es bleiben.

»Unwiederbringliche Zeiten«, sagt Schmeling. Also begraben wir den Hund. Und gehen dabei vielleicht selbst bald vor die Hunde. Um einen Boris Becker des Boxsports zu bekommen, brauchten wir wieder schwere Zeiten, Hunger, Entbehrungen, einen Krieg – einen Weltkrieg gar.

Für seine Fans ist Schmeling heute ein alt gewordener Boxer, reich und glücklich. Um ihn keine Tragödie wie um den armen, kranken, bankrotten Joe Louis. Keine Drogen wie bei Liston. Kein Ende im Suff wie bei Turpin. Keine Schiebereien wie bei Braddock, der seinen Titel für zehn Prozent (und zehn Jahre) an Mike Jacobs, den Manager von Joe Louis, verkaufte – und deshalb damals nicht gegen Schmeling antrat, um seinen Titel zu verteidigen, wie es doch vertraglich bereits fixiert war.

So trat er zwei Jahre später, 1938, zum Rückkampf

gegen Joe Louis an, der inzwischen Weltmeister (gegen Braddock) geworden war. Die Zuschauer hatten es sich auf ihren Plätzen noch nicht richtig bequem gemacht, da lag Schmeling schon flach. Und seine Ecke warf das Handtuch. Laut einer Meldung der ›New York Times‹ vom 17. Juni dieses Jahres wird dieses Handtuch im Nationalmuseum der Amerikanischen Geschichte als Kultgegenstand ausgestellt.

Boxen, der einstige Nationalsport, hat in Deutschland die Grenze der Zumutbarkeit überschritten. Über ihn scheint das Todesurteil gesprochen. Die Leute hier haben sich von ihm selbstherrlich und angewidert abgewandt, murmeln immer etwas von Schiebung, Blut und Unterwelt. Die Boxer meiner Generation sind ihnen nicht nur wesensfremd, sondern verdächtig allesamt als Mitglieder des sogenannten Milieus – Schwarzgeld, Huren, Alkohol. Moralisch sind sie, natürlich, nicht annähernd so stichhaltig, wie es Max Schmeling war und ist. Und sie werden nicht nach ihren boxerischen Begabungen eingeschätzt, sondern abgeurteilt von den Aposteln des Anstands.

Die im Dunkeln sieht man nicht? Und ob! Sie besetzen heute, falls es zu einem Kampfabend kommt, die Logen und ersten Reihen. Und sie schauen sich mit Gelassenheit auch Boxkämpfe schlechterer Qualität an, weil noch der schlechteste Kampf doch auch seine Geschichten erzählt, brutal, ungeschminkt, ohne Erbarmen: Geschichten von Glücklosigkeit, von Erniedrigung und unvollendetem Talent. Es sind vergessene Geschichten, die doch jeden Tag neu beginnen – mag unsere Gesellschaft, die Schmeling feiert, darauf auch mit erbarmungsloser Selbstgerechtigkeit reagieren.

Der Mensch, es stimmt schon, verträgt nicht allzuviel Realität. Und auch Schmeling zuckt bei der Vorstellung zusammen, daß der Weltmeisterschaftsgürtel von Eckhart Dagge, dem einzigen deutschen Box-Champion nach Schmeling, heute in einer Kneipe auf der Reeperbahn hängt.

Es gibt einige Männer, darunter ehemalige Berufsboxer, mit denen ich gern zusammensitze. Sie teilen mein Vergnügen, das ich immer empfinde, wenn Ereignisse in totalen Katastrophen enden. Wenn das Leben Ecken und Kanten hat und wenn diese Ecken dunkel sind und die Kanten blutverkrustet, folgt Schmeling den Schritten eines Engels, ohne Eitelkeit, in unschuldiger Unwissenheit.

Werft ihn in eine Schlangengrube – ich glaube, er könnte fliegen.

(1985)

Die Peitsche knallt immer am Ende

Es war einmal ein Prinz.

Er war ein junger, schöner Mann mit vollem, blondem Lockenschopf, einem gesunden, wohlgeformten, austrainierten Körper und starken Nerven. Er hatte vor nichts und niemandem Angst. Wie es sich für einen Jungen in seinem Alter gehört, hatte er hochfliegende Pläne. Er wollte die Welt erobern, zumindest das.

Sein Vater hieß Richard Grupe und war von Beruf Boxer gewesen. In den Zeitungen und den einschlägigen Kneipen hatte man ihn vor dem Krieg bewundernd »König Richard« genannt. Zu seiner Glanzzeit rühmte man ihm nach, Deutschlands Schwergewichtler mit der schwersten Rechten zu sein – eine Erbanlage, aus der unser Prinz Kapital schlagen wollte. Nach dem Krieg, als sich der gerade fünfjährige Prinz zum ersten Mal die Boxhandschuhe über die kleinen Fäuste zog, wurde Richard Grupe Konditormeister – was ihn allerdings eines Tages derart gelangweilt haben muß, daß er die Sahne hinschmiß und beschloß, sein Brot als Catcher zu verdienen. Zum Zeitpunkt dieses Entschlusses, Anfang der in jedem Sinn steil ansteigenden sechziger Jahre, hatte sein Sohn nicht nur, was selbstverständlich war, das Boxen gelernt, sondern bereits eine Ausbildung als Schlachter begonnen. Aber Sahne hin, Wurst her – war das alles, was die Welt ihnen zu bieten hatte? Beide, Vater und Sohn, waren aus anderem, aus härterem

Holz geschnitzt. Sie hatten Statur. Es waren Männer von unübersehbarer und beeindruckender Kraft. Ihr Sinn stand nach Risiko, nach Abenteuer – nach Glück und Geld. Der junge Prinz schien verrückt zu sein vor Ungeduld, etwas aus sich zu machen. Er sprühte vor Lebendigkeit und der Laune, auf den Putz zu hauen. Er war zwanzig. Und er dachte, irgendwo mußten Sterne leuchten, und davon gehörte eine Handvoll ihm.

Daß es Glück nur in der Fremde gibt, davon haben ihm die Märchen erzählt, und wehmütig sangen davon die Lieder der Weltenbummler und Matrosen. Also machten sie sich auf den Weg nach Amerika.

Während Richard Grupe catchte, wurstelte sich der Sohn durch die Schlachterläden in den Cañons von New York. Neben seiner Lehre lernte er eine ganze Menge anderer Dinge. Er sah das Leben der Schatten-seiten. Er war allein und ein Fremder. Er begriff, daß man sich behaupten mußte. Daß er da unten, auf der untersten Stufe der Leiter, nicht der einzige war – und daß die Freiheit ein Feind sein kann.

Kurz darauf taten sich Vater und Sohn wieder zusam-men, catchten gemeinsam im Team, nannten sich »The Vikings«, die Wikinger, und traten jetzt als hartgesotte-nes, zur Gaudi und zum Greuel geschaffenes, germa-nisch kostümiertes Paar auf. Das traf den Geschmack. Der Vater mit dem Tierfell um den nackten Oberkörper geschlungen, sein Sohn mit dem selbstgefertigten ge-hörnten Helm auf dem Kopf – die Zirkusnummer war perfekt. In den Catcherzelten von Oklahoma bis hin-unter nach New Orleans johlten die Leute.

Obwohl beide aus Westberlin kamen, gaben sie sich als Direktimport aus Ostberlin aus; eine phantastische Behauptung, die das Geschäft natürlich belebte. Aber damit war auch klar, welche Rolle sie fortan zu spielen hatten: zwei böse, gemeine, hinterhältige Kommunisten, zwei widerwärtige Typen des Ostens, zwei Berserker, denen man die Knochen brechen mußte. Weg mit dem Dreckspack, nieder mit ihnen. Jedenfalls verlangte das die Dramaturgie dieser Schauveranstaltungen. Vertrag war Vertrag. Die Welt war eben weiter nichts als gut und böse. Und so ließen sich denn die beiden landauf, landab ausbuhen und verachten, beleidigen, bespucken, auslachen und besiegen. Es war ihr Job. Dafür wurden sie schließlich bezahlt.

Komödianten waren sie geworden. Artisten. Schauspieler.

Diese frühe Erfahrung muß sich dem jungen, erst einundzwanzigjährigen Prinzen unauslöschlich eingeprägt haben. Er wird diese Schule des Lebens nie mehr vergessen. Was man später abschätzig seinen »eigenartigen Charakter« genannt hat, scheint hier seine Wurzeln zu haben. Er spielte den negativen Helden, und er spielte ihn überzeugend, ja überschäumend. Sein Auftritt als Kotzbrocken sollte Emotionen erzeugen, sollte die Zuschauer in haßerfüllte Hysterien treiben, mußte sie reizen und unterhalten. Der Prinz gehorchte. Er schürte das Feuer. Er genoß diese Stimmung, wenn der Gestank und das Gestänker wie eine Brandung hochschwappten zu ihm.

Es gab noch eine andere, zweite Variation, mit der sich der König und sein Prinz den Zorn ihres Publikums auf den Hals luden. Die sogenannte preußische Nummer: Vater mit schwarzer Strumpfhose und gewachstem, gezwirbeltem Oberlippenbart, der Sohn im schwarzen Seidenjackett mit dem Emblem des Reichsadlers und mit einem Monokel im Auge, zwei seltsam düster dreinschauende Gentlemen, zwei Kameraden aus der Mottenkiste der zwanziger Jahre. Natürlich kam auch das an. Jedenfalls so lange, wie sie reihenweise aufs Kreuz gehauen wurden oder im Schwitzkasten versauerten. Es war dabei Vorschrift, daß sie sich keineswegs an die Regeln zu halten hatten. Sie mußten, im Gegenteil, unfair sein, hinterhältig, zwielichtig – Hauptsache, man konnte sie aus tiefstem Herzen hassen.

Verständlich, daß der junge Prinz eines Tages genug hatte. Nein, nicht von der Komödie und der Schauspielerei; aber er hatte andere Hoffnungen, er war es müde, für ein Trinkgeld aufzutreten. Er war in einem Alter, endlich die Sonne sehen zu wollen. Längst war er auf jene jungen Burschen aufmerksam geworden, die sich im Boxring gegenüberstanden. Und da er, wie gesagt, vor nichts und niemandem Angst hatte, war ihm klar, daß er endlich zuschlagen und endlich siegen wollte. Seinem Glück zuliebe und dem Geld, mit dem er es sich kaufen wollte.

Der Prinz blieb allein zurück in Los Angeles, schnalzte mit der Zunge, nannte sich von nun an Wilhelm von Homburg – klang sehr deutsch, wilhelminisch und vornehm dazu –, der rechte Kontrast zu dem aufreizend wilden Wesen, das abzugeben er gelernt hatte.

Noch war er ganz unbekannt, sowohl diesseits wie jenseits des Atlantiks. Aber es sollte sich ändern.

Der erste, dem dieser schlaksige, selbstbewußte, im brutalen Überlebenskampf bereits bestens erprobte Jüngling auffiel, war ein alter Herr, der selbst aussah, als habe er im alten Berlin auf einer verruchten Varietébühne gestanden. Ein Unikum aus dem Fundus des Kaiserreichs. Eine Knallcharge mit aristokratischem Habitus. Er hieß Heinrich Friedrich Wilhelm August Stumme. Den Vornamen Friedrich verkürzte er zum einfachen F. Und anschließend änderte er das F. zum »von«. Außerdem war er schon längst vom Volksmund geadelt worden. In Boxerkreisen hieß der jetzt 75jährige einfach nur »Baron«.

Der Prinz also traf auf einen Heinrich Wilhelm August Baron von Stumme. Und beide hatten so eine Art, die ganze Welt als ein Theater anzusehen.

Baron von Stumme war in Los Angeles als erfolgloser Boxveranstalter (und Manager) bekannt. Fast vierzig Jahre schon trieb er sich in diesem Busineß herum. Setzte, wenn der Laden bankrott ging, kleine Anzeigen in die regionalen Zeitungen: Suche talentierte, junge Fighter. Die trieb er in die Gyms. Er nahm erst einmal alles, was einen harten Schädel hatte und genügend Muskelmasse. Lastwagenfahrer, Eckensteher, Arbeitslose, Glücksritter. Aber in den Gyms rund um North Hollywood, wo er dem Prinzen über den Weg laufen sollte, war sein Name nicht viel mehr wert als ein Kaffeefleck auf einer Visitenkarte.

Aber was scherte es den Prinzen. Auch dieser Baron war nur ein Abenteurer mehr auf der weiten Welt. Und er versprach ihm, die erste Tür aufzustoßen.

Die nächsten Monate legte sich der Prinz mächtig ins Zeug. Er trainierte hart. Brachte sich in Form. Fiel auf. Es war einfach unumgänglich, daß er schließlich am 20. 7. 1962 in Los Angeles zum ersten Profiboxkampf in den Ring stieg. Er boxte unentschieden – für den gelernten Verlierer, der er als Catcher war, immerhin ein Anfang und ein Aufstieg. Einen Monat später gewann er durch Knockout in der dritten Runde.

Zehn Tage darauf das gleiche Ergebnis: wieder Knockout und Sieg. Na also. Gut, es waren nicht die Triumphe, von denen der Prinz zu träumen begonnen hatte. Das Boxgeschäft war am Boden. Man kämpfte in kleinen Clubs. Da erschienen zum Kampf ein paar Verwandte, einige Freunde, und hinter der fünften Reihe war Schluß. Man mußte sehen, wo man blieb. Aber er war sich seiner Sache sicher. Daß er seine Gegner ausknockte, war der kleinere Teil der Anstrengung. Wichtiger war, die Boxexperten, die Reporter und Zeitungsfritzen auf sich aufmerksam zu machen.

Ich habe die Archive durchgeschaut. Und tatsächlich, schon nach den ersten Vier- und Sechs-Runden-Kämpfen erschien der Name des Prinzen in den Zeitungen im Fettdruck. »A wild-looking redhead from Germany with the unlikely name of Wilhelm von Homburg« stand da.

Ein erstes Zeichen, daß den Journalisten etwas einfiel zu diesem Neuling im amerikanischen Boxgeschäft. Man stritt sich nicht lange, daß er ein Wildling war, der hauen konnte. Daß er ein Farbtupfer war, die blonden Haare rot gefärbt, die Haut so weiß wie ein zu oft gewaschenes Leintuch. Daß er Dampf und Druck machte – und nicht bereit war, die englischen Sitten des feinen Boxsports neu zu beleben. Der Prinz haute ganz direkt auf eine andere Pauke. Er war der schöne, stolze Jüngling, angetreten, aus seinem Auftritt mehr zu machen als einen Sieg. Er war ein Spieler. Ein Glücksritter. Ein Märchen von einem Monster. »Wilhelm looked more like a burlesque comedian than a boxer.«

Dem einen erschien er wie ein Gespenst, dem anderen wie ein Schauspieler, dem dritten wie ein wiedergeborener Nachfahre der alten Haudegen, die den Boxsport einst unter ihren Fäusten begruben. Einige der seriösen älteren Herren rieten ihm, zum Friseur zu gehen, und nannten seine Manieren fragwürdig. »Ob er jemals ein richtiger Boxer werden wird, weiß ich nicht – aber sicherlich ist er ein erstaunlicher Charakter.«

Der Prinz boxte sich weiter nach vorne. Er unterhielt die Leute. Er gab ihnen die Show, die sie gewohnt waren, und er gab ihnen mehr. Er spielte das unerschütterliche, von keinem noch so kräftigen Gegner einzuschüchternde Enfant terrible, weil sein Hang zur Clownerie alles war, was ihn in den Catcherzelten des Gelobten Landes so lange über Wasser gehalten hatte.

Auf seine boxerischen Fähigkeiten vertrauend, provozierte er, wo er nur konnte. Und wenn er am nächsten Morgen die Zeitungen aufschlug, wußte er, daß er richtig lag. Kaum hatte er die ersten Kämpfe hinter sich und die ersten Siege auf seinem Konto, war er »the hottest item in Los Angeles boxing«. Er war »der kolossale Knocker«. Er kämpfte »like a pack of hungry wildcats«. Respektvoll nannte man ihn The Attraction. Es hieß immer häufiger, er sei, wo immer er auftauchte, »the scene-stealer of the evening« gewesen. Daß andere ihn als The Bad Boy titulierten, brachte immer mehr Publikum zu seinen Kämpfen. Auch hinter der fünften Reihe wurde es nun lebendig. Die Kampfbörsen stiegen an. Nicht sehr hoch, 120 Dollar für einen Hauptkampf. Aber das war schon doppelt soviel wie noch im letzten Monat.

»Ich muß böse werden, gemein«, hatte Ali gesagt auf die Frage, wie er in einen neuen Kampf hineingeht. Der Prinz gab dieselben Antworten. Und es teilten sich die Ansichten über ihn. Anerkennung wechselte ab mit Ablehnung. »He's zany« – er ist ein Blödmann. »He wants to be hated« – über einen anderen deutschen Import, den großen Regisseur Erich von Stroheim, hatte man Jahrzehnte zuvor dasselbe gesagt. Überhaupt wiederholten sich die Anschuldigungen. Auch Schmeling war The Ugly German, als er gegen Joe Louis boxte. Und jetzt war der schöne Prinz eben The Ugly.

Daß er ein fassungslos eigenwilliger, wunderlicher Kerl war, hob ihn aus dem Heer der Faustkämpfer in der Millionenstadt Los Angeles heraus, und zwar in atemberaubender Geschwindigkeit. Nicht lange danach trat er in Las Vegas im Sparring gegen den damals amtierenden Weltmeister Willie Pastrano an. Und die Zeitungen der Stadt in der Wüste hatten danach wieder neue Umschreibungen für ihn: »The terrible tempered German Heavyweight«. Und »the latest fighter to join the ranks of the characters«.

Wann immer der Prinz nach dem Kampf aus dem Ring ging, hatten die Leute nicht nur eine Schlacht der Fäuste erlebt, sondern eine »stormy performance«, ein Spiel, ein Schauspiel, ein bewußt inszeniertes kleines Stück Welttheater.

Niemanden ließ dieser junge Prinz unbeeindruckt. Und das Wichtigste: Alle merkten sich den Namen. Vor allem die Veranstalter von Boxkämpfen. Genau so einen Mann, kein richtiges Schwergewicht freilich, sondern ein Halbschwergewicht, suchten sie. Aber im Halbschwergewicht war weniger Geld zu verdienen. »Und treffen muß ich alle beide, ob Schwer- oder Halbschwergewicht. Dazu kommt der Vorteil, daß ich schneller bin als ein Schwergewichtler.«

Zwar mußte er jetzt nicht mehr, schon lange nicht mehr, den bösen Kommunisten abgeben, aber offenbar hatte sich sein Charakter so nachhaltig auf Randale, auf Provokation eingependelt, daß er nicht mehr anders wollte oder konnte, als aufzufallen, zu reizen, den Zuschauern den letzten Nerv zu rauben. Es schien ihm den größten Spaß zu machen, seinen Ehrgeiz, ein herausragender Sportler zu werden, und seinen überdurchschnittlichen Mut, jedes Kampfangebot unbesehen zu akzeptieren, nicht höher einzustufen als seine einmalige Fähigkeit, eine Boxarena zum Kochen zu bringen. Es war genau dieses Talent, das ihm dann, nach seiner Rückkehr nach Deutschland, das Leben so schwer machte.

Aber noch war es nicht soweit, daß er sein Heimatland wiedersehen wollte. Inzwischen nämlich war sein markanter Schädel auch den Leuten vom Fernsehen und vom Film aufgefallen. Hatte man ihn schon als Boxer als »a graduate of the same dramatic class as Cassius Clay« eingestuft, so ließ man ihn vor den laufenden Kameras in Western-Serien und Spielfilmen agieren. Auch dabei ließ er sich nicht das Herz abkaufen. Er hatte die Meute, das Publikum (das Wanzenpack, wie er sagt) in Schach gehalten – jetzt wollte er »reiten, schießen und sterben«, wie er es in Serien wie ›Gunsmoke‹ und ›Wild Wild West‹ tat. Er war zu allem bereit, denn er wollte »leben, leben, leben«. Und so begann seine Karriere als Schauspieler und eingeschriebenes Mitglied der Screen Actors Guild, der Schauspielergewerkschaft der Vereinigten Staaten.

Leben und sterben und danach besser leben als zuvor. Er ließ sich (im Kino) von Dean Martin ausknocken, von Rod Taylor erschießen, vor den Augen von Burt Reynolds ins Land der Träume schlagen … bis hin zu einem Höhepunkt: unter der Regie von Bernhard Wicki spielte er an der Seite von Marlon Brando – und natürlich war's wieder Rambazamba: in ›Morituri‹ startete er den Gefangenenaufstand. »Als Buttermilchreklame bin ich fehlbesetzt«, kommentiert er das Image des Rebellen.

Unser Prinz war von Beginn seiner Karriere an von selbstzerstörerischer Direktheit, ein Naturtalent an Unberechenbarkeit, ein selbstbewußter Anarchist, der keinerlei Gefühl für Gemeinschaft und Gesellschaft besaß. Er kannte die geile Verlogenheit der Masse zu lange schon und zu gut, um sich um deren Gunst noch groß zu bemühen. Er kannte die Lügen aller Zeitungen. In erster Linie war er ein Spieler, und als solcher war er allein. Er vertraute keinem. Er kämpfte ja nicht nur um ein wenig Vergnügen am eigenen Leben und nicht nur, im Ring, gegen einen einzelnen Gegner, sondern gegen eine Welt, die mit jeder anderen Art von Irrsinn (als dem seinen) offenbar längst ihren Frieden geschlossen hatte. Was also regten sich diese Herrschaften über ihn auf?

»Ich bin von Patienten umgeben«, davon ist er heute überzeugt. »Aber das Leben kannst du dir nicht in der Apotheke kaufen.«

Er glaubte an sich, an seine unzerstörbar gute, kraftvolle Seele. Als Boxer war er ein Kleinod, auch wenn ihm niemand vorzuwerfen hat, daß er keine Mythen schuf. Er war Außenseiter – für solche gibt es in Amerika immer Brot und Arbeit; in Deutschland allerdings gibt es dafür Schläge und danach weder Verständnis noch Gnade.

Endgültig ist für die Mehrheit der Menschen das Boxen eine schmutzige und unerträglich rohe Sache geworden, eingehüllt in den Dunstkreis der Verbrechen, den Moder von Mord und Totschlag. Immer denken die, die sich noch an große Ringschlachten erinnern sollten, an nichts als an Blut, Grausamkeit und Haß – und sie tun es mit dem gleichen Ekel, mit dem sie, sagen wir, Ketchup auf einem gekochten Karpfen ekelhaft finden. Es hat keinen Stil. Mit einem wie mir, der sich nach wie vor für das Boxen begeistert, kann also irgendwas nicht in Ordnung sein. Ist es ein seelischer Knacks, ein Defekt meiner Persönlichkeit? Eine mutwillige Perversion meines Geschmacks?

Es mag eine Legende sein, aber sie entspricht doch der Wahrheit, sie gehören wie Zwillinge zusammen: die Welt des Profi-Boxsports und die Halbwelt des Milieus. Das alles gehört so sehr zusammen, daß wir kaum eine Vorstellung davon haben können, was es für einen jungen Boxer heißt, sich gegen dieses erbarmungslose und faszinierende Milieu zu behaupten. Was es ihm abverlangt an Willenskraft, Zähigkeit, Disziplin und Vernunft, um in jene Kondition zu kommen, die es ihm irgendwann im Ring ermöglichen soll, einen Gegner zu besiegen.

Boxen bedeutet Askese, totale Abkapselung vor den verderblichen Einflüssen der Umwelt – mehr noch: es verlangt die Fähigkeit, ein monoton verlaufendes Leben ertragen zu können. Der Boxer muß über eine enorme moralische Unbestechlichkeit verfügen, die wir gerade jenen am wenigsten zutrauen, die wir als Mitglieder dieser Unter- oder Halbwelt zu sehen gewohnt sind. Er muß – umgeben von der glitzernden, gewalttätigen und vom leichten Geld wie vom Satan besessenen Welt seiner Freunde – genau zum Gegenteil, zum Schwersten, fähig sein: zu einem regelmäßigen Tagesablauf voller Hingabe an die immergleiche Schinderei im Training. Es ist eine Zeit der Opfer, der Entbehrungen. Und die Atmosphäre um ihn herum ist angefüllt mit all den drohenden und manchmal ohne jeden besonderen Grund explodierenden Gewalttätigkeiten, die so sehr zum Leben gehören, daß sich bald kaum noch einer wundern kann, warum das so ist.

Boxen ist der schwerste Weg, sein Glück zu versuchen, zumal in diesen Tagen, wo der professionelle Boxsport bekämpft wird und man ihn per Gesetz als »legalisierten Totschlag« so rasch wie möglich ausrotten möchte. Auf Grund seiner Art, wie er vom Leben träumt, ist der Boxer ein romantischer Held, der die Geduld aufbringen muß, sich jeder Anpassung an ein anderes Leben zu entziehen. Es ist das, was ihn mit einem anderen Menschen verbindet: mit dem Samurai. Wie er träumt er einen klaren, endgültigen Traum. Wie er lebt er am doppelbelichteten Rand unserer Existenz. Dort, wo alles ebenso real wie unwirklich ist. Eingetaucht in ein Leben, das stärker ist als alle Kraft, die sich einer antrainieren kann. Aber er fühlt es, dieses Leben. Es sind Instinkte, die mit dem physischen Überleben zu tun haben. Instinkte, unverständliche, aber unumstößliche Botschaften aus dem Innern der Seele. Alles wird intensiv – so wie Gold intensiv sein mag oder der Blick einer Katze. Der Einzelkämpfer kämpft auch gegen eine Demokratie des Geistes, die öde Verflachung der Gemüter. Nichts ist mehr übrig von der Leidenschaft jener Begeisterten, die in den zwanziger Jahren heftig protestierten, als man das Boxen menschlich veredeln wollte. Man beschloß damals, Punktsiege einzuführen. Statt eines einwandfreien Knockouts (einer fällt um, basta!) sollte es plötzlich einen sogenannten »technischen Knockout« geben: ein Ringgremium zählte viertel, halbe, ganze Treffer zusammen und entschied nach 15 oder 12 oder 10 Runden, wer der Sieger ist. Aber damit betrog man den Fan um gerade das, weshalb er sich Boxkämpfe ansieht – weil sie symbolisch sein eigenes Leben darstellen, nur eben ohne alles überflüssige Regelwerk. »Die Menschen laufen in die Arena, um Sieger und Besiegte zu sehen«, schrieb der Berliner Theaterkritiker Herbert Ihering in den zwanziger Jahren. Halbe Sieger hat das Leben genug. Und ein Sieger ist mehr als ein Gewinner. Die archaische Symbolkraft des Boxens wird jedoch in ihrem Innersten unantastbar bleiben. Eine Erinnerung vielleicht eines nahen Tages, aber eine Erinnerung an eine Antike unserer besten Gefühle.

Das Leben, denke ich, ist doch weiter nichts als die sinnliche Erfahrung, es aufs Spiel zu setzen.

Als er mit dem Bananendampfer in Bremen landete, rechtzeitig zur Eröffnung der Boxsaison (soweit es das damals überhaupt noch gab), war ihm der Ruf eines Faktotums vorausgeeilt. Jetzt übernahm die ›Bild‹-Zeitung das Kommando über das Wohl und Wehe dieses ungezogenen, bizarren Boxers aus dem fernen Amerika. Ein Deutscher kehrt zurück. Provozierend natürlich, einfallsreich übertreibend, wunderbar riskant für deutsche Gemüter. »Er hat die Taille eines Mädchens, aber das Kreuz eines Hufschmieds. Er hat die Mähne eines Löwen, das Mundwerk eines Marktschreiers, das Selbstbewußtsein eines Raumfahrers.« Worum ging es? Wollte man Reklame machen für die darbende deutsche Boxszene? Wollte man die Auflage verdoppeln? Brauchte man Skandale? Wollte man ihn brandmarken, wie es später dann tatsächlich geschah?

Jedenfalls gehörten die nächsten vier Jahre ihm. »Ich will ein reicher Mann werden. Mit 25 Jahren trete ich zurück. Und nie mehr arbeiten« – als er das einem Reporter in den Schreibblock diktierte, war er erst 23 Jahre alt. Und auf dem Weg, wenn schon die Welt nicht, so doch seine Heimat zu erobern. Ein Mann aus dem Volk, der sein Glück machen will. Einer aus der versprengten Legion der Einzelgänger, die nichts besitzen außer Selbstvertrauen und Mumm, Muskeln und Optimismus, bereit, sich abzurackern, zu schinden, zu leiden und zu lächeln dabei. Nur, es muß jetzt schnell gehen. Alles ist, und nicht nur in diesem Geschäft, auf Jugend gebaut. Und die vergeht – und mit ihr das Betriebskapital: Kraft, Ausdauer, der Behauptungswille des Unerschrockenen, der noch nicht von allzuviel deprimierender Erfahrung eingeschüchtert – und deshalb vorsichtig geworden ist.

Ein Prinz erschien – einer aus der Folklore der Preisboxer. Hart im Nehmen und im Austeilen. Das Leben ist nicht nur deshalb schonungslos, weil es kurz ist.

»His knack for stirring up the emotions« – die einen packte das Entsetzen, den andern war's das Spiegelbild eines Lebens, wie es eben war.

»Ich boxe jeden und verliere nie.«

»Her mit den Torten.«

»Die Peitsche knallt immer am Ende.«

»Ich schlucke Scheiße, das ist auch Schwerstarbeit.«

»Alles ist vergänglich, außer lebenslänglich.«

»Mich interessiert nur Geld.«

Er rauchte Zigarren, 17 Zentimeter lange Zigarren mit dem Golddruck »Wilhelm von Homburg«. Er schlug auf der deutschen Autobahn zwei deutsche Lastkraftwagenfahrer, die ihn beleidigen wollten, krankenhausreif. Er wurde aus einem Hotel geschmissen, weil er dem Chefkoch klarzumachen versuchte, wie man ein T-Bone-Steak zubereitet. (»Schließlich bin ich gelernter Schlachter.«)

Er wurde nahezu täglich immer mehr verstrickt in die unbarmherzige und uneinsichtige Welt eines kleinen, feinen Sozialstaats.

Es schien klar, daß es für einen Prinzen seiner Machart hier nicht viel zu holen gab, es sei denn Ärger, Gefängnis, Belehrung, Beleidigung, Verachtung … Er wurde nicht nur für die Veranstalter von Boxkämpfen und nicht nur für seine Gegner zum Problem, er wurde nicht nur ziemlich berühmt und nun vollends berüchtigt für seine eigenwilligen Auftritte – er wurde untragbar.

Es ist, wir wissen es, zum Heulen mit den Deutschen. Unser Prinz wurde im Tamtam der Schlagzeilen allmählich geviertelt, aufgefressen von der Schadenfreude einer Bevölkerung, die noch nie seine Welt bevölkerte.

Als er am 9.12.1966 in Frankfurt den Klasseboxer Archie McBride besiegte und ihn das Publikum gnadenlos auspfiff, wurde es selbst dem Geschlagenen zuviel. »Was haben die Leute gegen den jungen Mann, der doch ein hervorragender Boxer ist und einen phantastischen Kampf geliefert hat?« Aber da war der Zug längst abgefahren.

Auf seine amerikanischen Jahre als Schauspieler und Profiboxer zurückblickend, stellt der Prinz heute fest: »Die Besten waren immer ruhig, haben nie etwas gesagt, die Weltmeister kamen ins Gym, absolvierten ihr Training und sind gegangen.« Er sagt es ohne Wehmut und fast im Brustton der Überzeugung, gerade so, als sei nie ein lautes, unnötiges, leichtfertiges Wort über seine Lippen gekommen. Und fügt hinzu: »Der Lärm kam immer von den Untalentierten, den kleinen Umfallern.« Nicht die Spur von Selbsterkenntnis in seiner Stimme.

Nein, er war weder ein Umfaller noch ein Untalent. Er hatte das Herz eines liebeskranken Elefanten, die Kampfmoral eines Stiers (auch der fällt erst um, wenn ihn der Tod niederreißt).

Er war radikal und irritierend. Er war liebenswert. Und wenn der Satz des italienischen Futuristen Marinetti stimmt, daß »Kunst nur Heftigkeit, Grausamkeit und Ungerechtigkeit« sein kann, dann war der Prinz ein Künstler, einer jener, die wissen, daß es keine Erklärung gibt für das, was sie tun.

Er war unzivilisiert. Er war Baal, ein Barbar ganz im Sinne Bert Brechts. Auch der hatte für den Boxsport als die letzte »unzivilisierte Kampfart« plädiert. »Boxen zu dem Zweck, den Stuhlgang zu heben«, schrieb er, »ist kein Sport ... Stellen Sie sich zwei Männer an einer Straßenecke oder in einem Lokal vor, die sich einen Kampf liefern. Wie stellen Sie sich hierbei einen Punktsieg vor? Die Haupt-Todfeinde des natürlichen naiven und volkstümlichen Boxsports sind jene Gelehrten, die an den Seilen sitzen und in ihre Hüte hinein Punkte sammeln.«

Genau jene Herren Gelehrten waren es, die dem Prinzen das Leben so schwergemacht, ihn schließlich sogar um den Titel eines Europameisters betrogen haben. Disqualifikation in der elften Runde wegen Kopfstoß.

Sowohl die Experten wie auch die Masse derer, die ihn einfach widerlich fanden, gaben damals zu, daß er einen beherzten, überlegenen, allerdings (wie immer bei ihm) risikovollen Kampf geliefert hatte und daß das Urteil eine Farce war. Der Prinz hatte nach Punkten geführt. Und es sah nicht danach aus, daß sein Gegner ihn noch hätte durch einen Knockout besiegen können. Die 12 000 Zuschauer in der Deutschlandhalle in Berlin machten sich gerade mit dem Gedanken vertraut, daß es der Prinz tatsächlich wieder einmal wahrgemacht hatte, da kippte die Sache. Ohne vorherige Ermahnung war der Kampf zu Ende, und der französische Ringrichter, ausgestattet mit alleiniger Entscheidung, erklärte del Papa zum Sieger. Schiebungen sind nichts Neues, und die Erklärung, daß der Sitz der Europäischen Boxunion (EBU) in Italien und del Papa also ein Landsmann des Präsidenten ist, kann kein Trost sein.

Sollte er noch einmal vor dem Ringrichter auf die Knie fallen und seine bandagierten Fäuste vor ihm falten – wie bei seinem Debüt gegen Uli Ritter, als sie ihn ebenfalls um den Sieg betrogen hatten? Das Foto ging damals um die ganze Welt (»Selbst in China war's in den Zeitungen«) und wurde hier zum Sportfoto des Jahres gekürt. Ein um Gnade bittender, ein gerechtes Urteil erflehender Boxer – nur ein Prinz war zu solch einer noblen, poetischen Geste fähig.

Nein, dieses Mal fiel er nicht auf die Knie, aber wieder fiel ihm eine kleine, unnachahmliche Geste ein, die anrührend und einfach wunderbar war. Vom Lorbeerkranz des Siegers riß er ein einzelnes Blatt ab und klebte es an seine schweißglänzende Brust.

Auch verdanken wir ihm das ungewöhnlichste Interview, das je ein Sportler vor laufender Kamera gegeben hat. Rainer Günzler hatte den Prinzen nach seiner fürchterlichen K.-o.-Niederlage gegen den argentinischen Stier Oscar Bonavena ins »Aktuelle Sportstudio« geladen. Der Prinz erschien. Der Kampf hatte Spuren hinterlassen, die er hinter den dunklen Gläsern einer Sonnenbrille verbarg. Er saß da – und sagte kein einziges Wort. Er sagte nichts. Von der ersten bis zur letzten Frage schwieg er, blieb unbeteiligt, ruhig, stumm. Es war atemberaubend, mit welcher Ruhe der Prinz die beleidigende Show über sich ergehen ließ. Wie er die unverfrorene, schäbige Überheblichkeit dieses Reporters konterte mit dem Stolz, den auch der Besiegte besitzt.

Er tat nichts weiter, als auf eine ziemlich unfreundliche Frage keine Antwort zu geben. Und alle weiteren Fragen waren nicht minder unverschämt. Sie würden nichts je mit seinen Augen sehen. Es war also gleichgültig, ob er sprach oder schwieg. Wie ich sein Improvisationstalent bewunderte an diesem Abend. Ich liebte (und liebe) ihn dafür. Was er tat und wie er auf die Provokation dieses Rainer Günzler reagierte, war eine Meisterleistung an überraschendem Humor. Aber dafür war er ja unter Freunden bekannt und beliebt. Zwei oder drei werden es damals noch gewesen sein. Der große dumme Rest war sich einig, daß es sich wieder um schlechte Manieren handelte, um ein von Kopftreffern zermürbtes Gehirn, um schwerste körperliche Erschöpfung. Der Faun als Freiwild, wie gehabt. Kein Wunder, daß der Prinz die Menschen nicht mehr anders wahrnehmen wollte als aus sicherer, schläfriger Entfernung. Verurteilt von Vorurteilen, mag er, der boxende Poet, an das arabische Sprichwort gedacht haben: »Die Hunde bellen, aber die Karawane zieht weiter.«

Irgendwie muß der Prinz damals resigniert haben. Es war aussichtslos – der Typ des Preisboxers zählte nichts, nichts der unverschämte Mut des Gladiators. Der Boxsport war nicht mehr volkstümlich. Und die natürliche Naivität, die unser Prinz bis in den Exzeß hinein zu vervollkommnen verstand, war ein Makel.

Als sei er zu der Einsicht einer endgültigen Aussichtslosigkeit gekommen, kämpfte er noch einige Male (große Kämpfe wie die beiden Siege über den Italiener Rinaldi gehören dazu und sein Kampf gegen Gerhard Zech), verlor dann in Serie die letzten drei Kämpfe, den allerletzten gegen Rüdiger Schmidtke – am 11.12.1970 in Köln.

Das war's.

»Wenn ich so 'n angehauchten Dressman nicht schlagen kann, dann brauch' ich's in die Weltspitze gar nicht mehr versuchen. Und da hab' ich gedacht, versuch' ich's mal mit *gar nicht*, das geht auch.«

Gar nicht, das hieß: nie mehr boxen.

Gar nicht, das hieß: Ex-Boxer, Ex-Catcher, Ex-Häftling. (Unser Prinz hatte die übliche Polizeiakte: Körperverletzung, Verstöße gegen das Betäubungsmittelgesetz, Verdacht wegen Zuhälterei. »Ich sah halt aus, daß die Staatsanwälte der Polizei immer alles glaubten.«)

Gar nicht, das heißt: arbeitslos.

Gar nicht, das war immer neuer Ärger. Ärger, wohin er kam. Aufenthaltsverbote in zwei europäischen Ländern, Knast in mindestens vier Justizvollzugsanstalten, insgesamt etwa fünf Jahre hinter Gittern. Ohne Einsicht entlassen. »Einsicht in was?« fragt sich unser Prinz.

Gar nicht, das waren Schlagzeilen wie diese:

»Hamburg – Heiligabend sorgte Ex-Boxer Norbert Grupe alias ›Prinz von Homburg‹ in Eppendorf für Angst und Schrecken. Der vorbestrafte Schläger randalierte in der Destille ›Apricot‹ am Eppendorfer Weg. Der entsetzte Wirt rief um 4.30 Uhr früh die Polizei. Vorsichtshalber erschienen gleich sieben Beamte in der Kneipe. Eine Viertelstunde redeten sie auf den ›Prinzen‹ ein, dann erklärte er sich bereit, das Lokal zu verlassen. Grupe fuhr mit einem Taxi in die Innenstadt, um dort weiterzufeiern. Wirt und Gäste nahmen es mit spürbarer Erleichterung auf.«

Gar nicht, das ist heute ein kleines Zimmer, nicht größer als die Besenkammer einer kleinen Dreizimmerwohnung, ein Bett, ein Stuhl, eine Orangenkiste als Gestell für den Fernseher. Die letzte Adresse. In Untermiete bei einem Freund in Hamburg-Eppendorf. Kleine, geduckte Reihenhäuser, die in ihrer eintönigen Enge wie die Häuser in Liverpools Armenviertel aussehen. Dort wohnt er. »Vorübergehend«, sagt er, mit einem Schmunzeln, das mir verbietet, ihn zu bedauern.

Aber wie käme ich dazu, ihn zu bedauern. Nichts wird ihn außer Gefecht setzen, es sei denn, sie rollen mit einem Panzer über ihn. Und auch dabei hätte der Prinz genug Geistesgegenwart und freilich noch immer genug Humor, um – wie er es vor jedem Kampf und nach jeder seiner Niederlagen getan hat – mit seinem Zeige- und seinem Mittelfinger das Victory-Zeichen zu machen.

Erst vor ein paar Monaten war ihm ein Job als Schauspieler angeboten worden. Sehr zu seiner Freude, da ihn im Augenblick nichts mehr interessiert, als wieder in seinem alten Beruf zu arbeiten. Aber dem Regisseur wurde dann von oberster Stelle Bescheid gegeben, man solle von einem Engagement absehen. Keine Erklärung. Hände weg. Basta. Der Mann ist Dynamit. Oder, wenn Sie wollen, eine Seifenblase unter Starkstrom. Es wird bunt, wo er auftaucht. Auch wenn er abgeschminkt auftritt.

Gar nicht, das heißt: »wieder unten, wieder von vorne anfangen«.

Wenn wir beide einmal gemeinsam auf einem Bananendampfer über den Atlantik schippern und wenn wir dabei untergehen – mein Prinz würde mir noch beim Absaufen einreden, wir hätten ein Leben lang nichts anderes gesoffen als Salzwasser.

(1986)

Kampfrekord

1962

20.07.	Los Angeles	Sam Wyatt–USA	un.	4	
16.08.	San Diego	Bob Brown–USA	gew.	3	ko
24.08.		Tony Fern–USA	gew.	3	ko
21.09.	Los Angeles	Al Cummungs–USA	gew.	3	ko
25.10.	Los Angeles	Freeman Harding–USA	verl.	3	t.ko
14.12.	Los Angeles	Hugh Davey–USA	gew.	6	P.
18.12.	San Diego	Cliff Gray–USA	gew.	6	P.

1963

15.01.	San Diego	Roy Smith–USA	gew.	6	P.
22.01.	San Diego	Roy Smith–USA	gew.	8	P.
15.02.	Los Angeles	Bom Mumford–USA	gew.	6	ko
19.02.	San Diego	Cliff Gray–USA	gew.	6	ko
25.02.	Hollywood	Gus Calf-Robe–USA	gew.	6	ko
25.03.	Hollywood	Pedro Gonzales–USA	gew.	3	t.ko
20.05.	Hollywood	Bobby Sand–USA	gew.	9	ko
01.06.	Las Vegas	Tommy Merryll–USA	un.	6	
24.06.	Hollywood	Bobby Sand–USA	gew.	9	ko
23.07.	San Diego	Chuc Leslie–USA	verl.	6	P.
19.09.	Los Angeles	Bissy Stephans–USA	verl.	10	P.
18.11.	Santa Monica	Monroe Radcliff–USA	gew.	10	P.

1964

06.01.	New York	Bob McKinney–USA	gew.	9	t.ko
07.04.	Oklahoma	Roy Green–USA	gew.	5	t.ko

08.05.	Hamburg	Uli Ritter–Mannheim	un.	10	
29.05.	Oldenburg	Jean Huiban–Frankreich	gew.	6	ko
06.11.	Hamburg	Lars Norling–Schweden	gew.	9	t.ko
28.11.	Kiel	Pauly Kraus–Holland	gew.	3	ko
05.12.	Köln	Joseph Syoz–Frankreich	gew.	9	t.ko

1965

16.01.	Dortmund	Piero Tomasoni–Italien	verl.	10	P.
20.02.	Kiel	Uli Ritter–Mannheim	gew.	5	t.ko
03.04.	Wien	José Manzur–Argentinien	gew.	8	P.
30.04.	Hannover	Bas van Duivenbode–Holland	gew.	4	ko
28.05.	Berlin	Archie McBride–USA	un.	8	

1966

14.05.	Dortmund	Erich Schöppner–Dortmund	un.	10	
19.11.	Berlin	Piero del Papa–Italien	verl.	11	dsq.

Europameisterschaft im Halbschwergewicht

09.12.	Frankfurt	Archie McBride–USA	gew.	9	ko

1967

03.05.	Dortmund	Ray Patterson–USA	un.	10	
15.12.	München	Paul Roux–Frankreich	gew.	5	ko

1968

10.04.	Berlin	Dave Bailey–USA	verl.	10	P.
30.08.	Berlin	Rudi Nehring–Berlin	gew.	8	ko
18.09.	Wien	Franklin Arrindel–Holland	gew.	3	ko
08.11.	Hamburg	Gerhard Zech–Berlin	gew.	10	P.

1969

03.01.	Berlin	Giulio Rinaldi–Italien	gew.	5	P.
14.02.	Hamburg	Giulio Rinaldi–Italien	verl.	10	P.

02.04.	Berlin	Giulio Rinaldi–Italien	gew.	8	t.ko
20.06.	Berlin	Oscar Bonavena–Argentinien	verl.	3	t.ko
14.11.	Frankfurt	Rüdiger Schmidtke–Frankfurt	verl.	10.	P
12.12.	Köln	Jürgen Blin–Hamburg	verl.	10	P.

1970

| 11.12. | Köln | Rüdiger Schmidtke–Frankfurt | verl. | 10 | P. |

Documenta Boxing

Der Mann muß verrückt sein. Solche Männer sind mir am liebsten.

Der Mann heißt Jan Hoet, ist Direktor des Kunstmuseums in Gent/Belgien und war als künstlerischer Leiter der vor einer Woche in Kassel zu Ende gegangenen Documenta IX der umstrittene, aber auch umjubelte Star. Die deutschen Kritiker haben seine Kunstschau beleidigt und verspottet, aber das Publikum hat ihn geliebt. *We love Robin Hoet* – ein Graffiti auf einer Hauswand bringt es auf den Punkt. Hoet ist ein Rebell – und damit seinem flämischen Landsmann Gerard Mortier, der die Salzburger Festspiele übernahm, mehr als ebenbürtig.

Hoet hat die Liebe der Leute erwidert wie kein Direktor vor ihm, sich jeden Tag den Besuchern in öffentlichen Diskussionen gestellt, war immer irgendwo mittendrin, brachte Kino, Jazz und Baseball zur Documenta. Und setzte durch, daß sie mit einem Boxkampf einen würdigen Abschluß fand.

Würdig, wie bitte? Was hat denn Boxen mit Kunst zu tun? Was hat Show mit Kunst zu tun? Und was, im übrigen, hat die von Hoet ausgewählte Kunst noch mit Kunst zu tun?

Viele Fragen auf einmal. Aber für Hoet keine Frage, daß er richtig liegt. »Ein Boxkampf«, sagt er, »hat mit Show nichts zu tun. Natürlich steckt immer ein wenig darin, aber nur oberflächlich gesehen. Das Boxen selbst ist keine Show. Es ist ein streng geregeltes Ritual, bei dem Spielregeln mit Chaos kombiniert sind. Ein Kampf, der Ordnung im Chaos schafft. In einem gewissen Sinn ist es beim Boxen wie bei der Kunst – man muß haarscharf Echtheit von Pose unterscheiden können, spüren, wo die Authentizität aufhört und die Berechnung anfängt.«

Das, zum Beispiel, hat einem wie Jeff Koons den Kopf gekostet. Auch Markus Lüpertz, Boxfan Jörg Immendorf und andere wurden nicht eingeladen. Dagegen bedauert Hoet, daß Joseph Beuys tot ist. Seinen erklärten Lieblingskünstler verewigt er auf dem großen Plakat DOCUMENTA BOXING, das alle Kunstfreunde auffordert, sich am Boxabend einzufinden. Beuys schwingt mit nacktem Oberkörper (und ohne Hut!) die Fäuste für »Demokratie und Frieden«, wie die Aktion anläßlich der Documenta V im Jahre 1972 hieß.

Hoet will natürlich nicht nur irgendeinen Boxkampf, sondern ein Ereignis. Es gelingt ihm. Im Mittelpunkt der Veranstaltung steht der Kampf um die Deutsche Profimeisterschaft im Schwergewicht.

Die Kritiker, die sich ja als Geistesgrößen verstehen, schütteln den Kopf. Es kommt keiner. An beunruhigenden Beziehungen haben sie kein Interesse. Zu lernen haben sie nichts mehr.

Hoet zieht einen Zettel aus der Tasche und liest: »Die Bildung vernichtet bei dem Künstler jene scharfe Akzentuierung, jene schroffe Färbung, jene Ursprünglichkeit der Gedanken, jene Unmittelbarkeit der Gefühle, die wir bei rohbegrenzten, ungebildeten Naturen so sehr bewundern.« Jetzt zieht er an seiner Zigarette und genießt den Applaus. »Das hat Heinrich Heine geschrieben. Phantastisch, ne?«

Die Zeitungen melden Rekordzahlen. Mehr als 600 000 Menschen werden seine Ausstellung am Ende besucht haben.

Plötzlich steht Picasso im Büro. Und schon sind die beiden im Gespräch. »Van Gogh war Boxer, ne?«

Picasso nickt. »Ein Schwachsinniger, der nur Augen hat, wenn er Maler ist, nur Ohren, wenn er Musiker ist, nur Muskeln, wenn er Boxer ist.«

Hoets Augen glänzen, »Es gibt einen großen Verlust an Körperlichkeit in dieser Welt. Deshalb die Boxer. Elektronik, Aids, Armut und Krieg. Nur der Denkapparat funktioniert noch. Sport ist ein Element von Verletzlichkeit und Zielstrebigkeit. Ich will die Wiederentdeckung des Körpers, gepaart mit dem Kalkül der Konzentration.«

Picasso unterbricht das Autogrammeschreiben. »Was wohl ist ein Künstler?« fragt er die Sekretärinnen. »Er ist ein politisches Wesen, das ständig im Bewußtsein der zerstörerischen, einschneidenden oder der beglückenden Weltereignisse lebt und sich nach ihnen formt. Wie könnte man kein Interesse an den anderen Menschen haben und sich im Elfenbeinturm von einem Leben absondern, das einem so überreich angeboten wird?« Picasso schüttelt Hoet die Hand. Beide zünden sich eine neue Zigarette an. Bevor Picasso sich verabschiedet, sagt er noch: »Nein, die Malerei ist nicht erfunden worden, um Wohnungen auszuschmücken. Sie ist eine Waffe zum Angriff und zur Verteidigung gegen den Feind.«

Hoet schenkt ihm eine Ehrenkarte für den Boxkampf.

Niemand will Hoet diese Geschichte glauben, aber es schert ihn wenig. Feinde hat er genug. »Er denkt mit dem Bauch«, sagt ein Freund über Hoet. »Oder, besser gesagt, mit der Stelle etwas unterhalb des Bauches.«

Glauben wird ihm auch keiner, daß Woody Allen in Kassel war. Hoet fällt ihm um den Hals. Kunst und Boxen, was findet er?

»Was daran faszinierend ist?«, stottert Woody Allen. »Hm ja, daß es körperlich ist. Verstehst du, das eine sind die Intellektuellen, sie sind der Beweis dafür, daß man absolut brillant sein kann, ohne die geringste Ahnung zu haben, wo's eigentlich langgeht.« Er zieht den Schlapphut aus den Augen. »Auf der anderen Seite hast du den Körper. Der Körper, wie wir jetzt erst wissen, lügt nicht.«

Dann geht Woody Allen. Vor drei alten Autositzen, die vor einer Haustür lagern, bleibt er stehen, betrachtet sie und blättert im Katalog nach, um herauszufinden, wer der Künstler ist.

Tja, Woody, Pech gehabt. Das ist nur Sperrmüll.

Am Vormittag vor den Boxkämpfen läßt Jan Hoet Termine platzen, nur um seine beiden Hauptakteure ein wenig durch seine Ausstellung zu führen. Der eine ist Henry Maske, Weltmeister, Europameister und Olympiasieger aus der alten DDR, der andere der blutjunge Axel Schulz, der noch vor Mitternacht den Titel des Deutschen Schwergewichtsmeisters tragen wird.

Der gelernte Kunsthistoriker gibt sich gutgelaunt Mühe, redet auf die Boxer ein wie auf Freunde, die er liebt. »Die Diskussion um die besondere Ausdrucksmöglichkeit der Kunst soll im Rahmen völlig anderer expressiver Formen akzentuiert werden!«

Den Gesichtern der Boxer entnehme ich, daß sie zumindest von Hoets Begeisterung begeistert sind. Diesem Mann mit der Zigarette im Mund und der Gesichtsfarbe einer benutzten Spülbürste hört man gerne zu, auch ohne was zu verstehen.

Hoet allerdings zweifelt nicht daran, daß seine Boxer verstehen. »Wer Kunst betrachtet, muß sie beurteilen. Und wer immer wieder neu beurteilt, stellt in Frage, auch sich selbst.«

Sich in Frage stellen, so kurz vor einem Kampf? Das wäre tödlich.

»Jetzt muß das Wissen Platz machen für das Können«, triumphiert Hoet vor dem ›Signalturm der Hoffnung‹, einer aus Schwemmholz geknüpften Plastik des nigerianischen Künstlers Mo Edoga. »Hier geht es um das direkte Erlebnis des Materials.«

Das Wissen und Können und das Erlebnis! Genau, so wird es in ein paar Stunden sein.

Am Abend ist die Boxhalle überfüllt. Jan Hoet ist glücklich, das aber ist er ohnehin vierundzwanzig Stunden am Tag.

Das Milieu ist da, Cadillacs aus Berlin und Hamburg rollen vor. Den Rundgang durch die Ausstellungshallen ersparen sie sich. Sie wollen keine Kunst, sondern sich selbst sehen.

Es kommen ein paar Künstler, Neugierige, Boxfans. Aber Prominenz? Boxen als gesellschaftliches Ereignis? Ein in Leipzig lebender Chinese betritt den Ring und singt die Nationalhymne, die deutsche. Das ist echter Hoet. Auch die Nummerngirls. Es waren Künstler, die die Rundenschilder malten. Was die Jungs aus dem Milieu nicht hindert, den Mädchen wegen ihrer Beine Komplimente zu machen.

Einmal huschen katholische Nonnen um das Geviert des Rings und sind wieder weg. Die hat Picasso, der aus historischen Gründen verhindert war, gestiftet, um den selbstgefälligen Protestantismus der deutschen Kritiker zu ironisieren. In aller Welt sind die Experten über seine Documenta angenehm erstaunt, nur die im eigenen Land lästern.

»In keinem anderen Sport«, schreibt die amerikanische Autorin Joyce Carol Oates, »ist die Beziehung zwischen dem, der den Sport ausübt, und dem, der zusieht, so intim, so oft schmerzlich und so ungelöst wie beim Boxen.«

Richtig! Aber die Chefdenker des Ästhetischen weichen dieser Konfrontation aus. Sensiblen Intellektuellen scheint Zivilisation erst vollkommen, wenn dieser Sport nicht mehr existiert. Dagegen geht Hoet gern auf Tuchfühlung. Auch, als er Axel Schulz nach dem Sieg lange, lange an sich drückt. An dessen Körper fließt der Schweiß nur so herunter. Und Hoet trägt Anzug und Krawatte. Aber einen wie ihn hat es noch nie geschert, was abzubekommen, und sei es der Schweiß des Siegers. (Er wird nicht gut riechen, wenn er danach als Gastgeber seines nächtlichen Candlelight-Empfangs die Damen umarmt.)

»Warum kann die Kunstkritik nicht ihre Leidenschaft formulieren?« fragt er alle, die um ihn herumstehen. »Ich weiß genau, wie schwierig es ist, Intellekt und Emotion miteinander zu verbinden. Der Künstler grenzt seine Emotionen doch auch nicht von seinem Intellekt ab. Kann man Kunst nicht von dieser Position angehen?«

Jan Hoet hat es versucht. Und wird es, bis die allerletzte Zigarette verglüht, weiter versuchen.

Die Documenta IX ist zu Ende. Die Fragen bleiben offen. Was ist Kunst? Ist Boxen auch Kunst?

»Ich weiß nicht, was Kunst ist«, erklärt Hoet seinen Freunden, den Boxern. Und die, Boxer sind nun mal so, freuen sich über jedes ehrliche Wort.

(1992)

Hör zu, Henry: Pfeif auf die Gesellschaft
(Offener Brief an Henry Maske)

Lange Zeit gehörte Deutschlands berühmteste Faust keinem Boxer, sondern einem Tennisspieler. Die Becker-Faust! Sie erinnern sich? Wie ein Stein stand sie in der Luft, von einem Urschrei begleitet, der keine Gutmütigkeit ankündigte, weder mit sich noch mit dem Gegner. Die Kommentatoren jubelten, den Herrschaften auf den Tribünenplätzen gefror ein wenig das kostbare Blut.

Diese Zeit ist vorbei. Die Faust steckt wieder dort, wo sie hingehört, in einem Boxhandschuh. Und der Mann, der sie ballt, heißt Henry Maske, der Boxweltmeister im Halbschwergewicht.

Als Becker Wimbledon gewann, war sein Titel unteilbar. Maske gehört aber als Weltmeister nur der vierte Teil seines Titels, weil es in seiner Gewichtsklasse noch drei andere Champions gibt. Die für Maske zuständige International Boxing Federation ist, um es mal vorsichtig auszudrücken, eher unbedeutend.

Ich kenne Henry, sitze als sein Gast am Ring, wenn er kämpft, bewundere seine Talente und will hier nicht die Party verderben, aber mir geht die Musterknaben-Mentalität der Deutschen auf die Nerven, die so tut, als sei mit dem Mann aus Frankfurt an der Oder ein Sport wieder gesellschaftsfähig geworden, den sie weder verstehen noch lieben.

Der deutsche Boxsport boomt, heißt es. Ach ja? Ich wette: die Mehrheit der Menschen, die ihn jetzt im Fernsehen kennenlernen, fragt sich lediglich, warum ein so sympathischer junger Mann sich und seine Familie ausgerechnet durch Prügeleien in einem Boxring ernähren will.

Für meinen Geschmack sind alle Fragen, die Henry von den Gladiatoren der Talkshows gestellt bekommt, so dumm und ahnungslos, daß es lächerlich ist, wenn ebenjene Herren und Damen sich Sorgen machen um das Absterben von grauen Gehirnzellen. Ich freue mich dann zwar immer, daß da ein Boxer die bessere Figur abgibt, möchte Henry aber doch bitten, sich auf seine (noch) nicht gebrochene Nase nicht zuviel einzubilden. Es ist keine Schande, im Kampf was abzubekommen. Und erinnere ihn an den kläglichen Auftritt von Bubi Scholz, der ein einziges Mal um die Weltmeisterschaft boxte und danach seine mangelnde Bereitschaft zum harten, bedingungslosen Kampf damit erklärte, er habe sich schließlich sein Gesicht nicht ramponieren lassen wollen.

Seit Henry ins Rampenlicht der kapitalistischen Unterhaltungsindustrie getreten ist, muß er, wie ich finde, für mehr Unzumutbarkeiten herhalten als zu der Zeit, als er noch der verdiente Staatssportler aus dem Osten war. Damals galt er schon als Aushängeschild, auch für Grundwerte, für angeblich deutsche Tugenden wie Sauberkeit, Anständigkeit, Bescheidenheit, Fleiß und wohl auch Vaterlandsliebe.

Ich frage mich, um noch einmal auf den Vergleich

zum Tennissport zurückzukommen, welche Grundwerte ein Genie wie John McEnroe vertrat, wenn er zum Schläger griff? Oder einer wie Agassi, der einem übernächtigten Rockstar ähnlicher sieht als einem Athleten? Oder Ivanišević, dieser beeindruckende Neurotiker? Oder Yannick Noah, der verspielte Künstler? Oder eben Becker, bei dem Virtuosität und völliges Versagen so dramatisch aufeinanderprallen können?

Natürlich kannte auch der deutsche Boxsport einmal diese Vielfalt an erstaunlichen Charakteren. Lange her, zugegeben. Aber ein paar Boxer gab es immerhin auch noch in jüngerer Vergangenheit, als der Boxsport freilich nur noch als skandalöses Privatvergnügen unter Unterweltlern abgetan und verachtet wurde. Ich gebe gern zu, daß ich für einige unter ihnen ein Faible habe. Für den ungeliebten Norbert Grupe etwa, den wahrlich unvergeßlichen »Prinzen von Homburg«, bei dem man noch eine Ahnung davon bekommen konnte, daß dieser Sport noch andere Koordinaten kennt als nur Technik. Immer werde ich meinen Hut ziehen vor Kämpfern, die unten landen und wieder aufstehen, von nichts auf den Beinen gehalten als ihrem Stolz. Jene, die auch aussichtslose Kämpfe durchstehen. Ich denke an den unpopulären Eckhard Dagge, auch ein Weltmeister mit deutschem Paß wie Henry. Seine Introvertiertheit nahm es mit den Schweigsamsten unter den Melancholikern auf. Einer, der erst aufwachte und sich wehrte, wenn er blutete, dann aber den Schmerz in die Fähigkeit verwandelte, den Gegner zu besiegen. Oder Graziano »Rocky« Rocchigiani, der böse Bube, Gegenstand trauriger Schlagzeilen von Unordnung und Gewalt, der nichts will als den Kampf gegen Maske.

Gebt uns diese Schlacht! Henry gegen Rocky. Der Gute gegen den Bösen. Laßt sie aufeinander los, den anständigen Faustkämpfer gegen das schwarze Schaf, um das es dem Deutschen nie angelegen war. Solche Typen wie die drei oben erwähnten, sie werden mit aggressivem Unverständnis und selbstgefälliger Überheblichkeit ausgegrenzt, weil sie dem neuen und etwas eitlen Trend zuwiderlaufen.

Was Henry noch bevorsteht? Die wirklichen Schlachten, die in Amerika, zum Beispiel gegen Harding (WBC) und den eleganten und starken Virgil Hill (WBA), der Gewinn also der unumstrittenen, absoluten Weltmeisterschaft. Henry wird das Fegefeuer der Erschöpfung noch kennenlernen, das Drama im Ring, ohne das es die großen Geschichten dieses Sports nicht geben würde. Dann wird er den Beifall auch jener Fans sicher verbuchen können, die darauf pfeifen, wer am Boxring sitzt.

Die gute Gesellschaft? Ich weiß nicht, was das ist. Ich weiß nur, daß ich einmal Gabriele Henkel, als Henry in Düsseldorf boxte, überreden konnte, mich zu einem Kampf zu begleiten, und zwölf Runden lang das Dutzend Fotografen und Fernsehreporter bitten mußte, ihr nicht dauernd auf den Füßen rumzustehen.

Wenn das, was private Fernsehsender an hauseigener Prominenz aufzubieten haben, die bessere Gesellschaft sein soll als die Jungs aus dem Leben, dann danke. In den guten alten, den goldenen Zeiten saßen sie alle einträchtig beieinander, der harte Kern der Fans und Experten, die Prominenz und, jawohl, auch die Intelligenz. Mir wäre diese Mischung recht. Aber im Grunde geht es doch nur darum, um besseres Boxen, von wem auch immer, für wen auch immer.

Ein letztes Wort, Henry, direkt für Dich. Paß auf, nicht nur, daß Du möglichst lange Deinen Titel verteidigen kannst, was ich Dir wünsche. Nein, paß vor allem auf, daß sie Dir vom Leib bleiben mit ihrer Musterknaben-Mentalität. Denk daran, daß es genau diese Geisteshaltung war, die den größten Boxer dieses Jahrhunderts, Muhammad Ali, die Boxlizenz kostete, einfach nur, weil er nicht in Vietnam kämpfen wollte.

»Man weiß, daß etwas groß ist, wenn es in unserem Kopf explodiert!« schrieb Emily Dickenson über große Dichtung. Ich hoffe, Henry, ich sitze am Ring, wenn Du in meinem explodierst!

(1994)

Der Weltmeister, mein Friseur und ich

Ich war ein verwöhnter, immer auf Einladung anwesender Ehrengast gewesen, wenn Henry Maske in den Ring stieg. Bei seinem Kampf gegen Iran »The Blade« Barkley war es nicht nur mein Privileg, den Kampfmantel mit einem Gedicht beschriften zu dürfen, ich saß sogar neben seiner Ehefrau und seinem Manager vorne in der ersten Reihe.

Da saß ich im übrigen schon, als man nur in der kleinen, schäbigen Sporthalle daheim in Frankfurt an der Oder daran glauben mochte, daß aus dem Amateurchampion einmal ein strahlender Profi-Boxweltmeister werden würde. Das waren die Zeiten, als wir beide nach einem der Kämpfe morgens in einem Straßencafé in Berlin Rühreier verdrückten oder, ein andermal, rübergingen zu McDonald's, weil die Schnittchen, die es in einer angemieteten Disco geben sollte, auf sich warten ließen. Henry boxte damals für Kleingeld – und sinnierte vor sich hin über die Ungerechtigkeit, daß ihn das Schicksal nicht zu einem Fußballer bestimmt hatte. Seine Ossi-Kollegen schossen ihre Tore bereits für Millionengagen, und das auch noch im sonnigen Süden. Ich erinnere mich daran wie an eine Welt vor dem Wunder. Denn Henry wurde dann Weltmeister. Und blieb es, auch am Samstagabend in der Festhalle in Frankfurt am Main.

Was sind nun die Enkel eines Fritz Walter, diese

Sammers und Dolls, gegen den (nun nahezu) überlebensgroßen Nachwuchs eines Max Schmeling? Daß
dieses wiedervereinigte Deutschland einen Boxweltmeister von einer so erstaunlichen Konsistenz aus dem
Boden stampfen würde, interessierte allenfalls eine
Minderheit, und darunter bezweifelte die Hälfte, daß
so etwas lange gutgehen könne.

Nun jubeln alle: der kleine Mann mit dem Papp-
becher Bier und der Mann mit der Brieftasche, die
Frauen, die Industrie, die Journalisten, die alten Hasen
und das junge Gemüse. Nur mein Friseur nicht. Dem
will es einfach nicht gefallen, was er sieht. Für das
Fechten mit Fäusten hat er nichts übrig. Boxen ist für
ihn ein Blizzard von Schmerzen, Kraft, Vernichtungswillen und Verzweiflung, eine Sache zwischen Triumph
und Demütigung. Ein ein und alles. Es ist das Stöhnen
unter der Last einer alles entscheidenden Begegnung
mit der Erschöpfung, eine finale Auseinandersetzung.
Nichts daran ist vernünftig oder liebenswert. Und ein
vernünftiger Boxer kein Anlaß zur Begeisterung.

Mein Friseur wird mich also fragen, wie alles so war
in Frankfurt. Ich werde ihm sagen, daß ich, wie er auch,
nur am Fernseher gesessen habe. Wieso, wird er wissen
wollen, war's die Reise nicht mehr wert? Immer schon
waren wir, was Maske betrifft, verschiedener Meinung.
Er hat meinen Respekt belächelt und wird meine Bemerkung, ich sei zu Hause geblieben, als späte Einsicht
nehmen, daß »dieser Maske keiner ist«, daß »dieser
Maske auch nie einer werden wird«, auch nach Siegen
nicht. Ich widersprach dann immer, allerdings nicht zu

heftig, denn ich wollte ja nicht, daß er mir seine Schere in meine Schläfe bohrt.

Dieses Mal saß ich im Abseits, im Blaulicht der Mattscheibe, ganz allein. Ich war mächtig in Ungnade gefallen. Natürlich wegen einer Nichtigkeit, die sich (im Verlauf von Übertragungsfehlern) zu einer Ungeheuerlichkeit ausgewachsen hatte. Aber was war mein Vergehen? Wie kommt dieser verwöhnte, immer auf Einladung anwesende Intellektuelle eigentlich dazu, an der hauchdünnen Membrane zu kratzen, die so ein Camp, das Milieu eines Boxweltmeisters, umgibt wie eine Blattgoldgloriole? Ist das denn der Dank für die Kaviarhäppchen, die Freiflüge, die Umarmungen?

Was ich nach dem Kampf gegen Barkley von mir gegeben habe, war dies: Lieber Henry, du bist ein großer Boxer, dem man die Größe abverlangen muß, daß du endlich die stärksten Kämpfer deiner Gewichtsklasse vor die Fäuste nimmst, auch wenn es dich den Titel kosten wird. Viel Zeit bleibt dir nicht mehr. Noch immer kann ich nicht einsehen, den Champ beleidigt zu haben. Aber es ist wohl so. Wer hustet, wenn ein Brendel in die Tasten greift, gehört nicht in einen Konzertsaal. Wer Magie und Wahnsinn einfordert, soll bei seinen Gedichten bleiben. Aber es ist genau jene hochexplosive Mischung, die sich in meiner Erinnerung abgelagert hat, seit mich das Boxen begeistert, sagen wir: seit Ali das Zusammenspiel von Schmetterling und Biene zelebrierte (gegen die besten seiner Zunft), den Einklang von Tanzen und Stechen, von Eleganz und Härte, in der Boxersprache: Bewegung und Schlagkraft in einem, die einzige Offenbarung, die dieser verachtete, unverstandene Sport kennt. Ein Sport, der im Ruf steht, blutig, brutal und einigermaßen geistvernichtend zu sein. Bis Henry kam.

Wir bewundern ja Max Schmeling nicht weniger, weil er im Rückkampf gegen Joe Louis ausgeknockt wurde, und das ziemlich gnadenlos und blitzschnell. Man muß mal da unten im Ringstaub gelegen haben, um den Respekt auch derer zu bekommen, die kein Treppchen nach oben befördert. Es müssen die Fledermäuse in die Trompeten blasen, die Schlangen kreischen und die Alligatoren sich verschlucken, das ist dann Boxen. Zumindest glaubt das der amerikanische Boxexperte und Schriftsteller George Plimpton – und mein Friseur auch.

Auf den Kampf gegen Egerton Marcus haben am allermeisten die Skeptiker gewartet. Und skeptisch war ich auch. Mein Vorteil als Fernsehzuschauer bestand darin, daß ich im Bericht vor dem Kampf einen Blick in die Kabinen der Kontrahenten werfen konnte. Tür auf, Kamera ab. Zuerst sah ich den Herausforderer: beeindruckend siegessicher, austrainiert, weltmeisterlich. Auweia, Henry. So einen Brocken war Henry sich und der Öffentlichkeit schuldig, nach all den Zweifeln an den Fähigkeiten seiner früheren Gegner. Marcus sah aus wie das Prachtexemplar eines Athleten, noch schwärzer als schwarz, gefährlich, wie es nur die Jungs sind, die entweder verhungern, in den Knast wandern oder eben zum Sieger werden über die Chancenlosigkeit ihres Schicksals. So einer, das sah ich, muß gewinnen, um nicht verrecken zu müssen. Das ist der Kampf eines Menschen aus Haut und Haaren gegen die Maschine, die nach einem Sieg Gold spuckt – nach einer Niederlage Blut, und zwar mitten in alle Hoffnung. Und nachher funktioniert dann nicht mal die Dusche.

Schnitt. Die Kabine des Weltmeisters. Eine Ruhe wie am Schachtisch. Konzentration, die tief und gründlich wirkt. Der Gegentypus. Genau, was eine Paarung, die es in sich haben soll, sein muß. Keine Spielchen, schon gar keine mit dem Kameraauge. Der Weltmeister, das weiß jeder, muß entscheidend geschlagen werden, wenn er den Gürtel abgeben soll. Und dagegen bietet Henry erst einmal seine Willensstärke auf. Er wirkt gegen Marcus schmächtig. Aber Nervenstärke und Intelligenz sind nicht am Bizeps ablesbar. Und boxerisches Können nicht am Rollen der vor Aggression unruhigen Augen.

Und trotzdem: Henry wirkt auf mich wie ein Todeskandidat. Der, wenn er schon den Titel nicht wird verteidigen können, so doch seinen Stolz und die Würde. Mir ist mulmig, als ich die Bilder, scharf gegeneinandergeschnitten, vergleiche. Ist das nun endlich das Risiko, das ich ihm anempfahl? Und Marcus, hat er auch nur die geringste Ahnung, daß ein paar grundsätzliche technische Fähigkeiten, mit Verstand genutzt, so wirksam sein können wie die Zähne eines Vampirs?

Dann die Überraschung. Gong zur ersten Runde, zur zweiten und dritten. Von wegen Todeskandidat. Von wegen Schlangen, die schreien. Mit der Übersicht eines Veteranen boxt Henry sich Runde um Runde zu einem eindeutigen Sieg, einem einstimmigen Votum aller Punktrichter. Und mit welchem unbeirrbaren Kalkül er das macht. Er wartet ab, weicht aus, schlägt, blockt dann ab, hat immer den Handschuh dazwischen, löst sich vom Gegner, um dann aus der Halbdistanz seine Rechts-Links-Kombinationen zu schlagen, schnell, sehr schnell – und sehr überlegt den einzig richtigen Schlag, den Aufwärtshaken, da Marcus mit dem Kopf immer zu tief angreift. Henrys Kopf ist immer über dem Geschehen, und das nicht nur nach Zentimetern.

Das ganze King-Kong-Styling des hoch eingeschätzten schwarzen Kanadiers zerbröckelt. Er verliert an Substanz. Die makellose Bilanz wackelt. Die Revanche, so der Slogan des Fights, mißlingt. Der Treffer, dieser eine entscheidende Schlag, der den Boxer von den Zehen bis zu den nassen Haarspitzen aufschlitzt, will nicht gelingen. Das ist nicht mehr der Herausforderer, der die Überlegenheit seiner Rasse für diesen härtesten Sport nicht anzweifeln kann. Was taugen auch Weiße im Ring? Nicht viel, nicht in den Staaten. Das Boxen gehört den Schwarzen. Und ein Weißer, noch dazu ein Deutscher? Der Titel gehört in die Tempelanlagen der Neuen Welt, nicht in die Provinz. Also los, Mann. Tu, wovon du geträumt hast! Schlag zu. Aber wohin? Der Weiße, dieses Bleichgesicht, ist nie da, wo die Faust einschlagen will. In der Ringecke von Marcus wird Lou Duva nervös. Geh raus und erledige ihn.

Dagegen Ruhe bei Wolke und Maske. Mach weiter so, Henry. Alles läuft nach Plan. Langsam ist nämlich deutlich, daß Henry den besten bisher angetretenen

Herausforderer boxt, ohne ihm ein Ziel zu bieten. Ich lehne mich zurück vor dem Fernseher. Es ist schon so: die Spannung läßt nach. Es bleiben Fragen. Einige, nur die nicht, daß Henry auch nach dem Gong am Ende Weltmeister bleiben wird.

Henry reduziert den Faustkampf auf seine Grundtatsachen. Er ist ein wirklicher Meister ihrer Vermischung. Alles zu seiner Zeit. Keine poetischen Emotionen. Nichts für die Galerie. Kein Bolo-Punch. Kein Shuffle. Kein Reden mit dem Gegner. Er bleibt fair bis zur Selbstaufgabe. Wie in Trance vor lauter Vernünftigkeit beunruhigt er seinen Gegner mit der unbekannten Tatsache, daß er sich kein Drama aufzwingen läßt. Hier arbeitet ein Boxer nach Plan. Bevor er die Hände bewegt, hat er bereits erraten, was sein Gegner zu tun gedenkt.

Die monumentale Überraschung, Henry könnte seinem Gegner nicht gewachsen sein, entpuppt sich auf einleuchtende Weise als Fehlanzeige. Es ist, was ich sehe, nicht atemberaubend, aber wirkungsvoll. Henrys Überlegenheit bleibt mir irgendwie unerklärlich, so unbestreitbar die Wirkung ist, die sie hat. Marcus steht kurz vor dem Knockout, er ist alle, am Ende auch mit allen Hoffnungen.

Das Boxen trägt an diesem Abend nicht die Trauermaske der Tragödie. In der Gestalt des Boxers Maske leben die Errungenschaften der untergegangenen DDR ganz vorbildlich weiter.

Ich war, als Henry am Ende die Arme hochriß, erleichtert. Ich höre in mir den Jubel, der von keinem

Echo übernommen wird. Und ich höre noch etwas, und das lauter als die Sprechchöre in der Halle: das Aufatmen einer ganzen Branche, der Henry-Maske-Industrie. Der Boom darf weiter boomen, der Gentleman weiter bescheiden bleiben. Ich selbst fühle mich wie auf Entzug und bezweifle, daß das Camp mich nach diesen Zeilen wieder in die Arme schließen wird.

Aber sei's drum. Ich bin nun mal unbelehrbar, wenn es um das Blaue des Himmels geht, um die Schwärze der Nacht und die Dämonen, die mich mit Sternen bewerfen.

(1995)

Gut so, die Welt bleibt ungerecht!

Zunächst einmal ist die Sache ganz einfach. Wenn zwei Männer mit Fäusten aufeinander losgehen, haben sie Streit. Es geht wahrscheinlich darum, wer recht hat. Zuschauer sind nicht nötig. Das machen die beiden unter sich aus. Und wer am Ende irgendwann nicht mehr aufsteht, der hat eben unrecht gehabt. Und das Leben geht dann weiter.

Stehen da aber doch Zuschauer herum, ändert sich alles. Es geht nicht mehr um die bloße Leidenschaft, Dampf abzulassen, oder den kläglichen Versuch, die Ungerechtigkeit der Welt mit bloßen Händen korrigieren zu wollen, sondern ums Prinzip. Und je größer die Menge der Zuschauenden ist, um so mehr rückt das Prinzip in den Rang einer Weltanschauung.

Sie sehen schon, es wird ernst. Und zwar für uns alle. Vergnügen war einmal.

Sind es Millionen Menschen, die ein Kampf interessiert, ist etwas faul an der Sache. Die Ergebnisse lassen zu wünschen übrig. Womit wir bei Rocky und Henry wären – und ich mir vorstelle, sie hätten das Privileg gehabt, ihren Kampf bis zum bitteren Ende führen zu dürfen. Ohne Gong zur zwölften und letzten Runde. Und ohne Punktrichter, diese »Haupt-Todfeinde des natürlichen naiven und volkstümlichen Boxsports«, wie Brecht meinte. Was wäre dann in der Dortmunder Westfalenhalle kurz vor Mitternacht geschehen? Der

Weltmeister war schwer angeschlagen, er taumelte, er wurde regelrecht verprügelt, hinter ihm, im Rücken, nur die drei Ringseile als Schutzengel. Ich denke, er wäre nicht mehr sehr lange aufrecht dagestanden. Aber ein verkabelter Weltmeister ist keine sentimentale Ware. Und was einmal im Interesse jener zwei Männer, die sich ihre Ärmel hochkrempelten, zu geschehen hatte, ist längst zum Sport degradiert. Und der ist schmutzig wie Politik.

Nein, Henry, diesen Kampf hast du nicht gewonnen. »Zerbrechen Sie sich nicht den Kopf über die Motive dieses Kampfes, beurteilen Sie unparteiisch die Kampfform der Gegner, und lenken Sie Ihr Interesse auf das Finish«, hat Brecht dem Zuschauer angeraten. Ich halte mich dran. Nach dem linken Haken in der neunten Runde fehlte Rocky nur noch der eine, der entscheidende Schlag. Für alle, die keine Gelehrten sein wollen, war klar, daß Rocky zum Finish angetreten war. Mit dieser neunten Runde beginnt meine Erinnerung an diesen Kampf. Von der zwölften Runde ganz zu schweigen, letzte Bilder, die sich für immer festgesetzt haben: Henry mit weichen Knien und glasigen Augen, noch fähig, nicht fallen zu müssen, und Rocky unfähig, den Kampf zur Sensation zu machen. Das war es, was bleiben wird.

Von allem, was unvergeßlich ist, bleiben zum Schluß die wenigen Augenblicke übrig, die der allgemeinen Erwartung widersprechen. Das Finish dieses Boxkampfes erzählt auch die Wahrheit, die nun wieder ins Gerede kommt. Es gibt aber nichts, was zur Diskussion stünde:

es sei denn das Datum der Revanche! Ich bin auch deshalb gern ein Boxfan, weil ich dabei mein einfaches Gemüt ausleben kann. Ich sehe dem Kampf zu und weiß Bescheid. Ich habe gesehen, was ich gesehen habe. Fehlurteile sind ja keine Überraschungen. Ich habe in Las Vegas eines erlebt, als Axel Schulz gegen George Foreman nicht hatte gewinnen dürfen. Und daß Rocky nicht gewinnen durfte, es sei denn, er täte es auf die unmißverständliche Art durch einen Knockout, war meinem einfachen Gemüt ohne Nachdenken verständlich.

Beurteilen Sie unparteiisch die Kampfform der Gegner, also gut. Rocky boxt den gesamten Kampf über mit einer stabilen Doppeldeckung. Und er geht nach vorne. Will hinein in Henry. Was ihm auch gelingt. Und dann schlägt er Aufwärtshaken. Rocky ist nicht nur der Angreifer, weil er als Herausforderer des Weltmeisters so boxen muß. Er ist es bis auf den Grund seiner unverstandenen Seele. Er ist angetreten zur Zertrümmerung. Und nimmt dabei den Gegner nur als nächste Zielscheibe. Er möchte die Cliquen um Henry herum zertrümmern, die Machthaber der Moral, die Strategen der Diplomatie, die Bonzen, die Gelehrten und die feine Gesellschaft der Intellektuellen. Er will dem Gequatsche aufs Maul hauen, denn er steht allein deshalb noch im Ring, weil er nur dort endlich seine Ruhe hat. Da geht es nur noch um ihn. Schluß mit dem Kleingedruckten.

Henry boxt wie gehabt. Man hat ihm gesagt, daß er nur wieder erfolgreich zu sein habe. Und er wartet auf den Augenblick, der ihm erlaubt, endlich damit beginnen zu können, wie ein Weltmeister zu boxen. Danach sieht es zuerst jedoch keineswegs aus. Aber das kennt man. Er braucht die zweite Hälfte, also das Finish. Mitte des Kampfes scheint sich jene Langeweile breitzumachen, für die Henry so oft getadelt wurde. Dabei bleibt der schweißtreibende Wettkampf zwischen Bilderbuch und Groschenheft noch völlig offen. Nur die Sentimentalen, also einer wie ich, befürchten, Rocky könnte resignieren.

Es wird keiner behaupten wollen, Henry habe es auch nur ein paar Runden lang geschafft, weltmeisterlich zu boxen. Dagegen ist völlig unparteiisch festzuhalten, daß Rocky zu jeder Sekunde auf der Suche nach dem einzigen, dem entscheidenden Schlag war, der seine Selbsteinschätzung bewahrheiten sollte: Ich verlasse den Ring als der neue Champion.

In der neunten Runde, wie gesagt, ist es (fast) soweit. Das Finish konnte beginnen. Und Henry kämpft ums Überleben. Nachdem er selbst Runde für Runde mehr in die Doppeldeckung seines Gegners gehauen hatte, wird er von einem Schlag erwischt, der in die erste Kategorie gehört. Kein Glückstreffer. Es müßte sich einer wie Rocky, der sich einen Dreck schert um alles, was die Menschheit so Glück nennt, auch schämen, wollte er auf diese Weise gewinnen.

Henry erholt sich von dem Debakel der neunten Runde. Er ist keineswegs bereits geschlagen. Rocky scheint sich ermüdet zu haben bei seinen Versuchen, Henry zum Teufel zu schicken. Ihm gelingt auch in der zehnten und elften Runde nichts als Fäuste stampfendes Handwerk. Für die Galerie boxt einer wie er ohnehin nicht – wenngleich wir wissen, daß dort oben in der Regel gerade seine Fans sitzen, auf den billigeren Plätzen. Im Scheinwerferlicht gibt es nur einen Weltmeister: und der heißt Fernsehen. Henry in der Rolle des hauseigenen TV-Boxers. Rocky, das Strandgut. Die Inszenierung kann es mit den Unterhaltungsprogrammen, die wohl im untergegangenen Rom üblich waren, aufnehmen.

Gong zur zwölften und letzten Runde. Wer nicht parteiisch ist, wird zugeben, daß alles auf die kommenden drei Minuten hinauslaufen wird. Und weil das so ist, müssen wir diesen Kampf als einen großen Kampf anerkennen. Rocky greift ja jetzt nicht an, weil er nach Punkten hinten liegt, sondern weil er ins Innere des Auges seines Gegners geblickt hat. Er sieht den Riß in der Pupille. Und durch sie hindurch sieht er seine Faust fliegen. Und dann will er seine Ruhe haben. Imbißstube gegen Krawattenzwang. Was andere für eine Weltanschauung halten, ist bei Rocky einfach nur angeboren. Mögen andere das Ergebnis beschönigen, so weiß Rocky doch, daß selbst bei einem rituellen Knockout die Welt ungerecht bleiben wird.

Wenn es stimmt, daß vor der elften Runde der Kampf eher ausgeglichen war – wie erklärt man sich dann Henrys Punktsieg nach einer letzten Runde, die ihn stehend knockout gezeigt hat, hilflos, dem Mitleiden seiner Fans ausgesetzt? Er klammert sich an den ebenso erschöpften, aber während des gesamten

Kampfes nicht ein einziges Mal angeschlagenen Rocky, der nicht mehr die Kraft aufbringt, den Weltmeister auszuknocken.

(1995)

Auch Träume muß man trainieren

An diesem frühen Morgen ist der Himmel grau. Ein eiskalter Ostwind bläst von Polen über die Oder herüber. Auf einem Feldweg habe ich meinen Mietwagen geparkt und bin hoch zum Damm gegangen, durch das mit Rauhreif schwere Schilfgras, vorbei an den Strünken der Weiden, die aussehen, als habe van Gogh sie gepflanzt. Wildschwäne fliegen über das Wasser. In den Lagunen, durch die der breite, träge Strom fließt, nisten Enten. Eine trostlose Idylle, unberührt, vergessen. Es mag im Sommer hier schön sein und einladend für Liebespaare und Angler, aber zu dieser Jahreszeit, durchgefroren bis in die Knochen, hilft nur der Gedanke weiter, daß ich hier auf einen jungen Mann warte, der hoffentlich gleich angerannt kommt: auf Axel Schulz auf dem Weg nach Las Vegas – und das liegt mehr als vierzehn Flugstunden von hier entfernt in der Wüste von Nevada. Wenn er am Ziel angelangt ist, wird er die Kraft brauchen, die er hier tankt.

Den Schock, eine andere Galaxie als Eindringling zu betreten, kann nur verdauen, wer sich nicht einschüchtern läßt. Den Aufruhr, der ihn beim Betreten der Arena erschüttern wird, kann nur überhören, wer die Ruhe, die hier gerade herrscht, in sich aufbewahrt hat. Bei Minustemperaturen und der kalten, klaren Luft täglich seinen Zwölf-Kilometer-Dauerlauf hinter sich zu bringen ist Routine wie die Einsamkeit, die ihn mit jedem Tag enger einschließt. Irgendwann hört er auch auf zu reden.

Zuerst ist er nur ein kleiner Punkt da hinten. Am Kampfabend, denke ich, wird er von seinem Gefolge, von Bodyguards, Polizisten und wahrscheinlich Pfiffen begleitet, zum Ring geführt werden. Welche Welten! Mir wird warm bei der Vorstellung, wohin die Reise geht. Aus den Slums von Frankfurt an der Oder ins Eldorado der Glücksspieler. Von unten nach ganz oben, in Axels Fall ein Steilanstieg. So muß sich einer fühlen, der als Anfänger zum Mond geschossen wird.

Axel kommt näher, eine Dampfwolke seines Atems vor dem Gesicht. Außer mir, der auf den Moment wartet, daß er nur einfach an mir vorbeiläuft, ist er der einzige Mensch auf dieser Welt. Zumindest in jenem Traum, den wir beide kennen.

Wenn ich mit Hochachtung vom Boxen rede, meine ich nicht die paar Handvoll großer, unvergeßlicher Boxkämpfe, die es gegeben hat, auch nicht die Atmosphäre am Ring, wenn alle Gleichgültigkeit aus meinen Nerven entweicht, und auch mit Ali will ich nicht wieder anfangen, der diesem Sport die Magie geschenkt hat, ohne die er so armselig wäre wie jede andere Prügelei auf Gedeih und Verderb, sondern das intime, scheinbar gelassene, aber immer lehrreiche Erlebnis, einen Boxer bei der Vorbereitung auf einen Kampf zu beobachten.

Es ist zwar noch Wochen hin bis zum Gong zur ersten Runde, aber schon jetzt, und das Tag und Nacht und gnadenlos obendrein, bestimmt dieser Moment die Zeitrechnung, nach der die innere Uhr eines Boxers abläuft. Er unterwirft sich einem Training, das der Schöpfung gleichkommt und doch nur die Frage beantworten soll, wie man aus einem Boxer einen Sieger, aus einem Schwergewichtler den Weltmeister im Schwergewicht, kurz: aus Axel Schulz, der inzwischen an mir vorbeigerannt ist, den kommenden Champion aller Klassen macht.

Die schlaflosen Nächte seiner Mutter, von der er mir erzählt, kann er sich nicht leisten. Und doch drückt sich in ihrer Sorge um den Sohn die Besorgnis aus, die viele haben: jenseits aller Rechenkünste, aller Vergleiche und Besserwisserei (Alter gegen Jugend, Schnelligkeit gegen Schlagkraft etc.) ist dieser Griff nach den Sternen auch eine Mutprobe der außergewöhnlichen Art.

Aus der Nachricht, daß Axel am 22. April gegen »Big George« Foreman in den Ring steigt, wurden Schlagzeilen. Steht die Sensation, daß er gewonnen hat, schon im Stehsatz? Hat Max Schmeling schon die Coca-Cola kalt gestellt? Darf Kanzler Kohl weiter Oststimmen sammeln?

Meine Hochachtung gilt der bedingungslosen Hingabe, mit der Axel, der Außenseiter, auch gegen die Dämonen kämpft, die ihn heimsuchen. Es ist ja eines, sich Kondition anzutrainieren und sich Mut einzureden und an die eigene Chance zu glauben, aber etwas anderes, diesen Glauben an den Sieg (»Ich rechne mit einem Punktsieg«, sagt er mir) so unerschütterlich ins Selbstbewußtsein einzubrennen, daß er zwölf lange Runden lang davon zehrt, auch wenn andere Kräfte zu schwinden drohen. Er wird, spätestens wenn er zum Abschlußtraining in Las Vegas eintrifft, zu einer Bedeutung explodieren, die Helden vorbehalten bleibt. Das Musikstück, mit dem Henry Maske die Halle betritt, heißt ›Die Eroberung des Paradieses‹ – das will Axel auch. Auch Träume muß man trainieren.

Daran wird gearbeitet. Noch deutet nichts darauf hin, daß Axel für den Kampf seines Lebens (oder doch zumindest für den wichtigsten Kampf seiner Karriere) trainiert. Es geht um Details, und das entspannt und fast heiter. »Was wiegst du heute?« will der Trainer wissen. »99,8 Kilo«, sagt Axel. »Gut!« sagt der Trainer und schickt ihn zum Speed-Ball. Danach Seilspringen. Zwischendurch wirft er den schweren Medizinball gegen die Wand. Der Punch, schießt es mir durch den Kopf. Der Schlag, der auch einen kompakten Körper kampfunfähig machen kann, der alles entscheidende Treffer. Axel weiß, daß Foreman den Titel von Moorer mit eben einem solchen Punch geholt hat, nachdem er aussichtslos nach Punkten zurücklag.

Axel wirft den Ball mit der Wucht eines Holzfällers. Es donnert ganz schön. Der Trainer ist trotzdem nicht zufrieden. »Zuviel Information für den Gegner«, kritisiert er. »Den Schlag nicht ankündigen«, wirft er Axel an den Kopf, während der im Ring schattenboxend tänzelt, ein Phantom vor sich hertreibend, das erst in der Stunde der Wahrheit in Gestalt des Weltmeisters vor seinen Fäusten auftauchen wird. »Wir üben nicht schlagen, sondern treffen«, schreit der Trainer, dem der ganze Bewegungsablauf zu steif ist. Rechte Gerade, linker Haken. »Ja«, sagt mir Axel beim Abendessen in meinem Hotel, »das ist die Marschroute. Druck machen und schlagen!« – »Und treffen«, erinnere ich ihn. Axel lächelt – und wirkt dabei noch jünger und sympathischer als sonst. »Kämpfe werden im Kopf gewonnen«, erläutert der Trainer, während Axel nach dem Handtuch greift, um sich den Schweiß abzuwischen.

Ich lehne in dem kleinen Raum, der gerade mal einen Ring aufnehmen kann und eine Bank für die Hanteln, an der Wand und erinnere mich an Schmeling, der vor seinem ersten Kampf gegen Joe Louis behauptet hatte, etwas gesehen zu haben. I zee zumting! Natürlich hat er den Rest für sich behalten. Das tut auch Axel. Hat er Foreman auf Video studiert? Ja, natürlich! Und? »Hast du was gesehen?« frage ich. »Na ja«, antwortet er und lächelt und schweigt.

In den Kämpfen, die ich von Axel am Ring miterlebt habe, war mir aufgefallen, daß er beim Schlagen nicht stehenblieb, sondern seiner Faust hinterhersprang. Offensichtlich weiß auch sein Trainer von dieser Schwäche. Also geht es darum, einerseits auf robusten Beinen zu stehen und gleichzeitig doch auf beweglichen, schnellen Beinen zu attackieren. Ein Bewegungsablauf, der zur höheren Kunst des Boxens gehört. Wie bringe ich das gesamte Kilogewicht meines Körpers in einen Schlag, und wie stehe ich in Sicherheit, aber doch nahe genug, um die volle Kraft genau dort explodieren zu lassen, wo die Bewegung der Schlaghand zu ihrem natürlichen Ende kommt? Außerdem ist es wahrscheinlich an jenem zukünftigen Abend in Las Vegas überlebenswichtig, wenn sich dort dann auch das Kinn des Gegners befindet.

Alles Theorie? Ich gehe Stunden später die Karl-Marx-Straße zum Zentrum zurück und wundere mich, daß der bärtige Denker auf der gegenüberliegenden Straßenseite mit einem Denkmal gewürdigt wird, noch immer. Ich überquere die Straße, um mir die Statue aus der Nähe anzuschauen. Und lese auf einem Beton-stab neben der Büste folgende Inschrift: »Die Theorie wurde zur materiellen Gewalt«. Gut gesagt, denn auch darum wird es in Las Vegas gehen.

Ein wenig später lande ich auf dem Leipziger Platz und lasse mich von zwei Politessen in Zivil (»Für Uni-formen fehlt det Jeld«), die meinem Mietwagen ein Ticket verpassen wollen, aufklären, daß dieses Viertel Altberesinchen heißt. Ich nutze die Chance, die bei-den abzulenken, und frage, was sie am 22. April ma-chen werden. »Schulz schauen«, sagt die eine. Und die andere sagt: »Ich hab die Raketen schon zu Hause, die ich dann abfeuern werde.« Wir stehen, während wir uns unterhalten, am Jahreszeiten-Brunnen in der Mitte des Platzes. Eine obeliskenartige Säule mit vier abgeflachten Seiten. Die vier Jahreszeiten und dazu vier Verse, die ich zitiere, weil die Stadt an der Oder voller beziehungsreicher Inschriften zu sein scheint, was Axels aktuelle Lebenssituation betrifft. »Nutze die Zeit / denn sie entrinnt / wie rieselnde Wasser / ins Meer der Ewigkeit«.

»Hab ick nie jelesen«, lacht Axel, als ich ihm das aus dem Gedächtnis aufsage. Aber er versteht die Anspielung. Und er tut, was er kann, um seine Zeit zu nutzen. Er geht wie ein Schwerarbeiter täglich in seine kleine Trainingshalle auf dem wie stillgelegt wirkenden Betriebsgelände der ehemaligen Deutschen Reichsbahn. Das Äußerste an Menschenkraft abzuverlangen, wie die Helden in den Theaterstücken von Heinrich von Kleist, der hier in der Stadt geboren ist. Und, fügt der Dichter in seiner ›Penthesilea‹ hinzu: »Das Äußerste …/ Hab ich getan – Umögliches versucht – Mein Alles hab ich an den Wurf gesetzt –/ Der Würfel, der entscheidet, liegt …«

Noch sind die Würfel nicht gefallen. Noch ist Zeit, den Kopf frei zu bekommen von der Belastung, das Unmögliche zu versuchen, die Beine stabil zu kriegen, robust zu stehen, ansatzlos zu schlagen, wegzutauchen, zu kontern, zu treiben, zu punkten – um schließlich zu siegen.

Erinnern wir uns an den Kampf in Kinshasa, als Ali der Herausforderer des Weltmeisters Foreman war. Und wir, seine Fans, bangten um ihn. Es erschien damals selbst den wohlgesonnensten Experten ebenso unglaublich wie einfach unmöglich, daß Ali gewinnen könnte. Kämpfe werden im Kopf gewonnen? Richtig! Es war die Strategie des Genies, die dem Außenseiter zum Triumph verhalf. Ich hoffe, Axel geht mit der ganzen unbekümmerten Überlegenheit des eigentlich Chancenlosen in diese seine schwerste Nacht.

(1995)

Vom Triumph einer Niederlage

Ich hatte die ganze Geschichte eigentlich schon aufgegeben. Acht Tage saß ich in Vegas herum, wartete auf den Kampf, las die Sportseiten, die Presseerklärungen, redete mit Journalisten, mit den Stammgästen von Weltmeisterschaftskämpfen. Ich versuchte, Axel Schulz beim Training bei Johnny Tocco zu beobachten und George Foreman in dessen Camp. Ich lief öfter durch die riesige Halle des Hotels, als meinen Nerven guttat, nur weil ich keine Gelegenheit verpassen wollte, Neuigkeiten zu erfahren. Und jeden Abend setzte ich mich in meinem Hotelzimmer an die Schreibmaschine und versuchte, den Anfang einer Geschichte zu erfinden, die es nicht gab.

Die Sportseiten waren entweder zurückhaltend oder einfach uninteressiert, was diesen Kampf anging. Die Presseerklärungen waren sachlich und nichtssagend. Die Journalisten, zumal die ausländischen, beantworteten keine Fragen, sondern stellten welche: Wer ist dieser Axel Schulz, was kann er, wie kommt es überhaupt dazu, daß Foreman einen Nobody boxt?

Als ich in Vegas ankam, zog Axel gerade aus dem Hotel aus, weil er sich dort nicht konzentrieren konnte. »Ich will nicht zwischen Spielautomaten sitzen beim Frühstück«, teilte er der Presse mit und war verschwunden. Als ich ihn bat, ihn bei Tocco besuchen zu dürfen, um etwas von seiner letzten Vorbereitung mitzubekommen, lehnte er ab. Freundlich, wie er ist, aber unmißverständlich. Als George Foreman in Vegas erschien und sein erstes öffentliches Training im Park absolvierte, tat er, was er am liebsten tut: reden, Späße produzieren, sich zeigen. Über den Zustand seiner Kondition, geschweige denn über seine Taktik ließen sich keine nennenswerten Aufschlüsse gewinnen. Er ließ sich bewundern und verschwand wieder mit seinen Leuten.

Ich hatte die Hoffnung aufgegeben, Schulz beim Training beobachten zu können. Ich war auch die immer gleiche, schnell ermüdende Show von Foreman leid. Bei seinem zweiten öffentlichen Training kam er schon ganz ohne Sparringspartner an. Zugegeben, es war kalt in Vegas. Aber einen Ali hätte das nicht abgehalten, sich warm zu trainieren. Foreman gefiel sich in der Rolle, die der große Ali ihm vorgelebt hatte: ein Champion des Volkes zu sein.

Alles Unsinn, versicherte mir Gene Kilroy, ein Amerikaner irischer Abstammung, der dreizehn Jahre lang an der Seite von Ali gelebt und als sein Pressemann gearbeitet hatte. Die Leute, das stimmt, lieben ihn, aber er liebt die Leute nicht. Er ist schon einige Tage in der Stadt. Hat er ein Waisenhaus besucht? Ist er zu den Leuten gegangen? Nicht einmal den Kindern, die ihn um Autogramme bitten, gibt er eins. Er ist immer noch der gleiche, der er schon damals in Kinshasa war. Kilroy kann Foreman nichts abgewinnen. Er kennt ihn. Damals in Zaire war Kilroy auch schon im Camp des Herausforderers. Die gleiche Rolle, die Axel in ein paar

Tagen ausprobieren wird. Nur daß die Boxgeschichte nun in Kleinbuchstaben geschrieben wird. Und Ali tat, was er dachte und sagte.

Wir besuchten, erzählte mir Kilroy, einmal ein Altersheim, und da lag ein schon etwas seniler, 90 Jahre alter Mann in seinem Bett, und die Schwester fragte den Mann: »Weißt du, wer das ist?« und deutete auf Ali. Und der alte Mann schaute Ali an und sagte dann: »Das ist Joe Louis.« Ali beugte sich zu dem alten Mann herunter und umarmte ihn und wollte wissen, ob er ein Autogramm von ihm haben wolle. Der alte Mann nickte. Ali schrieb den Namen Joe Louis auf ein Stück Papier und gab es ihm. Draußen sagte Ali: Er hat nicht gewußt, wer Ali ist, aber er wird mit der Freude sterben, den großen Joe Louis getroffen zu haben.

Da sich für meinen Reporterjob nichts ergab, was für den Schulz-Kampf interessant gewesen wäre, einfach weil die ganze Sache zu uninteressant war für die Medien, die angereisten Presseleute und die Öffentlichkeit, vertrieb ich mir die Zeit damit, Gene Kilroy auf den Fersen zu bleiben. Er lebt seit Alis Abschied vom Ring in Vegas, managt das »Maxim« und freut sich, wenn Leute in die Stadt kommen, die ihn an alte, gute, lebendige Zeiten erinnern.

Und tatsächlich hatte ich mit Kilroy einen Glückstreffer an der Hand. Kaum in Vegas angekommen und noch bevor ich überhaupt den Koffer ausgepackt hatte, rief ich seine Nummer an, die mir ein gemeinsamer Freund gegeben hatte. Ich war angekündigt. Kilroy faßte sich kurz: »Willst du Tommy Hearns treffen?« war das erste, was er mir zur Begrüßung sagte. Ich nahm das Taxi zum »Maxim« und saß Kilroy in seinem Büro gegenüber, während wir auf Hearns warteten, immerhin einen Boxweltmeister mit sieben Titeln. Zum Gespräch zwischen Kilroy und mir kam es nur sporadisch, weil er entweder angerufen wurde oder selbst telefonierte. Der Mann braucht keinen Schlaf, sondern ein Telefon.

Es ging um Mike Tyson und Kilroys Unverständnis darüber, daß er sich wieder mit dem größten Haifisch, mit Don King, eingelassen hat. Oder um Leute, die Tickets brauchten für die Tom-Jones-Show und die wissen, daß Kilroy alle in Vegas kennt und so gut wie alles besorgen kann – Tickets, Mädchen, Stars. Zwischendurch erzählte er mir, wortkarg wie Amerikaner, die im Boxgeschäft waren, nun mal sind, von den Frauen in seinem Leben, deretwegen er nie zum Heiraten kam. Er sprach gern über Frauen. Aber am liebsten sprach er von Ali, mit dem er die ganze Welt bereist hatte. Dreizehn Jahre lang im Zentrum der Boxgeschichte, und das in der Höhenlage eines Genies, wie Ali eines war.

Was soll ich ihm von Schulz erzählen? Und von Foreman will er nichts hören, diesem motherfucker. Alles nur Getue, sagte er, die ganze ausgemachte Scheiße mit Gott und seiner Kirche. Er will Steuern sparen, sagte Kilroy und greift zum Telefon. Kilroy war dabei, als das Boxen groß und einmalig war, und dabei wird es bleiben. Heute sei, sagte er mir, nichts mehr los. Die Schwergewichtsklasse ein einziger Haufen von Angebern, Knackies, miesen Typen. Nirgendwo Klasse, Stil, weit und breit nichts, was an die große Zeit der Fraziers, Nortons oder an Ali herankäme. Die Verbindung klappte. Kilroy hält für eine Sekunde die Muschel zu und teilt mir mit, wen er gerade an der Strippe hat. »It's Ali's daughter«, sagt er mir, während er auf Maymay einredet, daß sie rüberkommen soll ins »Maxim« zum Abendessen. Maymay Ali, Alis älteste Tochter aus der Ehe mit Belinda. Spätestens jetzt bin ich überzeugt, daß Bugsy Siegel, der kleine häßliche Mann mit dem Hut, der Las Vegas erfunden hat, auch mir einen Gefallen getan hat. Noch keine fünf Stunden in der Stadt, werde ich mit einem siebenfachen Weltmeister, mit Alis Tochter und einem Mann vom Kaliber eines Gene Kilroy an einem Tisch sitzen.

Alles ist möglich, dachte ich. Daß alles möglich ist, nehme ich als gutes Zeichen für Axel Schulz, wenn er gegen Foreman in den Ring steigen muß. Alles ist möglich, Axel. Hauptsache, du bist am fraglichen Abend meiner Meinung.

In den Zeitungsberichten, die ich mir mit aufs Zimmer nehme, grinst die Fratze des Spotts. Über Schulz schreiben sie: Hat er seine Lebensversicherung erhöht? Über Foreman: Wird das Interview, das Foreman nach dem Kampf gibt, länger dauern als der ganze Fight? Vielleicht, schrieben die Experten, kann Schulz das schreckliche Ende hinauszögern, aber schrecklich wird es bleiben. Man rechnet mit dem, was die Fachleute *a quick desaster* nennen, einen schnellen Knockout. Foreman gilt, bei all seinem Fett, seiner Langsamkeit, immer noch als härtester Puncher seiner Gewichtsklasse.

Ich rechnete mir das vor dem Einschlafen immer wieder durch, wenn ich mich in die Haut seines Herausforderers versetzte – zugegeben, eine etwas eitle Beschäftigung. Die Rechte von Foreman, sein größtes Kapital. Der Inbegriff einer Gewalttätigkeit, wie sie in keinem anderen Sport freigesetzt werden kann.

Wie tief sitzt der Schock bei Axel Schulz, wenn er diesem Mann gegenübersteht, daß nicht er, sondern der Weltmeister über einen alles entscheidenden Schlag verfügt? Es ist wahr, eine gute Kombination, eine gute linke Gerade, die sticht, schnelle Beine, ein gutes Auge – all das ist Arbeit, die sich auszahlen kann. Aber in die erste von zwölf Runden zu gehen und zu wissen, daß man jede Sekunde (auf zwölf Runden gerechnet sind das 2460 Sekunden) aufpassen muß, nicht von diesem Vernichtungsschlag getroffen zu werden, das ist mehr als nur eine Nervenbelastung, das ist Folter.

Axel Schulz, hörte ich, traut sich einen Sieg zu, einen Punktsieg. Aber wie? Und wie unwiderstehlich ist sein Hunger, diesen Titel nach Deutschland zu holen?

Ich versuchte noch einmal, Axel doch noch beim Training beobachten zu können. Nein, heute nicht! Morgen, vielleicht morgen. Ich rufe Kilroy an und erzähle ihm von meinen Schwierigkeiten, mir einen Eindruck von Axels Verfassung, von seinen Stärken und also seinen Chancen machen zu können. Tocco ist natürlich einer seiner alten Kumpels, denn immer, wenn Ali im »Caesar's« boxte, hatte er bei Tocco trainiert. Ich bring dich rein, verspricht mir Kilroy. Was ich aber (leider, muß ich sagen) ablehne, denn ich will um Gottes willen keinen privaten Ärger kriegen – und am Ende an allem schuld sein.

»Versteh bitte«, sagte Axel, als ich ihm zufällig über den Weg laufe. »Verstehe«, sagte ich. Keine Presse, niemand. Ich wagte gerade mal die Frage, wie er sich fühle. Gut, alles prima. Der Faustkämpfer steigt in den Ring, um Bewunderung zu ernten. Daher kann man bei keinem Sport tiefer gedemütigt werden. Foreman besitzt eine überdurchschnittliche, geradezu massive Selbstsicherheit. Ich versuchte bei Axel herauszufinden, was in ihm vorging. War die gute Laune echt? War ich derjenige, der Angst hatte – Angst um einen Jungen, der ein Boxer war, ein guter Boxer, aber keiner der Weltklasse? Und trotzdem ging es ja um den Titel in einer Gewichtsklasse, von der man einmal mit Recht behauptet hat, daß sie eine Welt repräsentierte, in der keine Vergleichsmöglichkeiten existierten.

Das Lachen des jungen Herausforderers wirkte, was die ganze Dimension meiner Phantasien anging, ahnungslos. Aber es wirkte trotzdem bezaubernd. Axel wirkte wie einer, der sich auf seinen Lieblingswitz freut, obwohl er den schon auswendig kennt. Und weil er in diesem Moment einen ungezwungenen, gelösten Eindruck machte, nahm ich mir das unverschämte Recht heraus, ihn nach seiner Strategie für den Kampf zu fragen. Aussichtslos! Nichts zu machen. Er fühle sich sehr gut. Ende des Interviews. Was er von Foreman wisse, wurde er am Nachmittag auf der Pressekonferenz mit den deutschen Journalisten gefragt. »Daß er neun Kinder hat und viele Hamburger ißt, und das reicht aus, glaub ich«, sagte Schulz und lächelte wieder so kitzelig, als versuche er, die Mädchen seines Alters anzumachen. Aber es gab gar keine Mädchen hier. Und wahrscheinlich gab es sie bis zum Kampf auch in seinen Gedanken nicht.

Es war für einen wie mich geradezu eine kleine Offenbarung, daß ich Angelo Dundee, Alis altem Trainer, der jetzt bei Foreman in der Ecke arbeitet, über den Weg lief. Und dem legendären Methusalem Archie Moore, auch einem aus dem Foreman-Camp. Ich traf Ken Norton. Und immer wieder saß ich abends vor der Schreibmaschine und machte mir Notizen zu einer Geschichte, die doch nur von dem Kampf handeln sollte, von dem, wenn man so will, historischen Ereignis, daß Axel Schulz der zweite deutsche Schwergewichtler überhaupt war, der nach Amerika kam, um Weltmeister zu werden. Der erste war Max Schmeling. Und er war es, der die Leute interessierte. Besser gesagt: Wenn Schulz überhaupt Interesse erzeugen konnte, dann nur vor dem Hintergrund dieses alten Faustkämpfers, den die Amerikaner bis heute hoch verehren. Aber Schmeling, sagte Kilroy mit gerechter Skepsis, war ein großer Champion. Und wer ist Schulz? In keiner Rangliste tauchte er auf. Das Ganze ist ein abgekartetes Spiel, gab sich Kilroy entrüstet. Das ganze Boxgeschäft ist ein gezinktes Spiel. Und dann legte er los. Ich biete hier nur die Zusammenfassung:

Da Foreman keine Lust und wahrscheinlich auch nicht genug Kraft hat, nach Michael Moorer gleich wieder einen Mann zu boxen, der ihm gefährlich werden kann, muß er seinen Managern gesagt haben: Bringt mir einen Burschen aus Europa, einen Weißen. Das muß der Moment gewesen sein, als Bob Arum sich mit Mister Kushner kurzschloß, einem IBF-Mann. Kushner wiederum hat Mister Sauerland zum Freund und Geschäftspartner, seit Henry Maske der IBF-Champion im Halbschwergewicht ist. Und Mister Sauerland managt Axel Schulz. Der ist jung, weiß, kommt nicht nur aus Europa, sondern aus Deutschland. Und das ist die Heimat von Schmeling. Das werden die Amerikaner dann schlucken. Man muß einen Kampf fassen können, wie man einen Edelstein faßt, und je weniger wert der Edelstein ist, desto mehr Gold wird bei der Fassung verarbeitet. Im Vergolden von vielleicht etwas fragwürdigen Großereignissen sind Boxveranstalter die wahren Meister. Also her mit diesem Axel Schulz. Darum geht es schließlich ja nicht. Es geht um einen Kampf, der Foreman viel Geld bringt – und der jenen Kampf nicht gefährdet, den in Amerika alle fordern: Foreman gegen Tyson.

Das ist also diese Geschichte, aber meine Geschichte ist es nicht. Ich saß in Vegas und dichtete des Abends vor mich hin, wenn ich nicht gerade mit Gene Kilroy und Maymay Ali zusammen war.

Kilroy wußte, wie Foreman zu besiegen ist. In Deutschland, sagte er, werden gute Autos produziert und gute Soldaten und sehr hübsche Girls. Warum nicht mal wieder gute Boxer? Und dann stand er sogar auf, um zu demonstrieren, was er mir erklären wollte: Axel muß die Rechte von Foreman neutralisieren, muß immer mit seinem linken Bein an Foremans linkem Bein sein, rechts herumgehen, raus aus der Reichweite der schweren Rechten. Er muß boxen, was soviel heißt wie: ran und raus, linke Gerade, vielleicht eine Kombination und dann raus, weg, tanzen, sich bewegen. Das ist das Rezept. Kilroy schien in diesem Moment zu bedauern, nicht selbst mit Schulz sprechen zu können. Ich bin hin- und hergerissen, Kilroys Strategie für Axel zu verfolgen und, es sei unserem Reporter verziehen, gleichzeitig Maymay anzuschauen, weil sie auf eine frische und unschuldige Weise schön war – und Fleisch vom Fleische Muhammad Alis, was sie noch viel schöner machte, als sie tatsächlich war.

Daß unser Reporter in Vegas ein großartiges Erlebnis nach dem anderen hatte, und das dank Gene Kilroy, war um so tröstlicher, als sich die Tage hinzogen. Ich versuchte einen Foreman-Betreuer zu überreden, mich nach dem Fight in meinem Zimmer anzurufen, um mir mitzuteilen, was in Foremans Kabine kurz vor und kurz nach dem Kampf los war. Und einem Mann aus Axels Camp schrieb ich meine Zimmernummer auf das Schweißband seiner Mütze, damit er Informationen aus der Kabine des Herausforderers an mich durchgeben konnte. Natürlich hätte ich mir gewünscht, selbst an Ort und Stelle sein zu können. Am liebsten hätte ich Axel den Puls gefühlt. Was war das letzte, was Axel zu sich sagte, bevor er die Arena betrat? Und nachher? Hatte er Blut im Urin? Würden sie ihn in heiße Handtücher einwickeln?

Dann der Kampf. Der Gong zur ersten Runde. Gong

zur zweiten Runde ... Ich brauche keinem meiner Landsleute, die sich für dieses Ereignis interessiert haben, noch groß zu erzählen, daß Axel Schulz den besten Kampf seiner bisherigen Karriere geboxt hat, daß Axel die Experten verblüffte, daß er mit Foreman fightete, und zwar so mutig und so überzeugend, daß es auch unseren Reporter immer wieder von seinem Stuhl riß. Die Geschichte, die ich eigentlich schon aufgegeben hatte, kehrte zurück. Was zuvor über den Kampf geschrieben worden war, gehört nun zum Altpapier.

Nach dem Gong zur zwölften und letzten Runde hatten alle amerikanischen, englischen und auch die japanischen Journalisten Schulz vorne. Es konnte keine Zweifel geben: Axel Schulz war der neue Boxweltmeister im Schwergewicht. Von den deutschen Zeitungsleuten und den vielen Schlachtenbummlern will ich schweigen, weil bei ihnen das Herz so intensiv schlug, daß sie auch einen weniger überzeugenden Kampf ihres Mannes hochgelobt hätten. Aber jetzt, als wir alle auf das Urteil der Punktrichter warteten, war das Nebensache. Hinter mir saß Jack Welsh vom ›Ring‹-Magazin aus New York, der Bibel des Boxens, wie es auf jedem seiner Titelblätter steht. Und was sagte der? Axel hat klar gewonnen. Und er gratulierte mir. Er hatte mitgepunktet: 116 zu 112 für den Deutschen. Auch der Japaner direkt neben mir am Pressetisch hatte den Deutschen vorne. Es schien, bis Ringsprecher Michael Buffer zu seinem Mikrophon griff, der historische Tag werden zu wollen.

Und dann das Urteil: Punktsieger George Foreman!

Und so ziemlich alle Fachleute waren fassungslos. Und die ganzen abgebrühten alten Herren, die dieses Geschäft besser kennen als das eigene Herz, schüttelten den Kopf. They robbed him! Sie haben ihn betrogen!

Axel Schulz war ein Niemand gewesen. Und nun war er, und völlig zu Recht, ein Held. Er hatte bis auf die erste Runde, als er immer falsch herumging um seinen Gegner, alles richtig gemacht. Und er hatte mit dem Risiko geboxt, ohne das ein Herausforderer keine Chance hat. Schulz überstand die ersten Runden und nahm dann in der zweiten Hälfte den Kampf an, er blieb stehen und schlug zu, auch wenn Foreman ihn getroffen hatte – und mir blieb der Atem weg! Ich schrieb unleserliche Notizen auf das Papier vor mir, weil ich den Blick nicht vom Geschehen im Ring abwenden konnte. Ich würde, dachte ich schon, die Story eines neuen Weltmeisters schreiben, noch dazu eine, auf die das Vaterland ganze 65 Jahre gewartet hatte. Und dann der Betrug! Das Fehlurteil! Die ganz und gar eindeutige Schiebung zugunsten von Foreman, der drei Stunden nach dem Kampf zurückflog nach Houston, um am anderen Morgen in seiner Kirche zu predigen! Ich denke, er sollte sich vor seinem Gott schämen.

Auf der Pressekonferenz unmittelbar nach dem Ende des Kampfes stand ein schwarzer Journalist auf und entschuldigte sich im Namen seines Landes dafür, daß Axel Schulz ohne den Gürtel des Boxweltmeisters nach Deutschland zurückkehren wird.

Ob er Schulz eine Revanche geben werde, fragten die Journalisten den verbeulten alten und neuen Weltmeister Foreman. Nein, sagte der. Und warum nicht? Weil er alles eingesteckt hat, was ich zu geben in der Lage war. Und auch danach hat er noch zurückgefightet. Nein danke, sagte Foreman. Das reicht.

(1995)

Apollonios,
griech. Bildhauer aus Athen,
tätig 1. Jh. v. Chr.
– Faustkämpfer –
Bronze
Rom, Museo delle Terme

Gedichte

»Nimm mein Mädchen«, sagt der Boxer,
»alles andere ist zu kompliziert!«

Ende Januar,
Zigarette im Mund,
durchzuckt vom Blaulicht des Fernsehers,
der auf Hochtouren läuft,
wirklich, Leute,
es gibt Tage und heute ist so einer,
die verlaufen so normal, daß man zum erstenmal wieder an
Selbstmord denkt,
man wundert sich plötzlich, daß man noch am Leben ist,
rennt in die Küche, um noch einmal Kaffee zu kochen,
bevor es vielleicht zu spät ist,
aber wie so oft spüre ich das unheimliche Gefühl von
Tapferkeit, ohne zu handeln,
ich fühl mich nicht recht in Form,
etwas so Grundsätzliches zu unternehmen,
und dann konzentriert man sich der Einfachheit halber
doch lieber aufs Fernsehprogramm,
die Bilder fließen vorbei, und jeder vernünftige Gedanke
geht den Bach runter,
der gute alte Preßlufthammer-Effekt, den sie dir als
rosa Schließmuskel andrehn wie alles Kulturelle,
ich bin bereit, mich zu opfern,
aber nicht für all diese kleinen miesen Selbstmörder,
die sich den Kopf an die Schiene binden,
weil die Eisenbahner streiken,

Christus, Buddha und ein brauner Fleck,
Männer, Frauen und Kinder mit Hunden,
Hunden und Hunden,
das ist dein Publikum, Dichter, überzeug sie,
die alte Methode,
Kriege sind so weit weg wie die Pferdekutsche mit der
Gräfin drin, unsichtbar
wie das schwarze Kästchen der Nonne,
meine unmittelbare Erfahrung mit dem Fernsehen
beschränkt sich auf eine Reihe nutzloser Gespräche,
lausige Interviews,
die ich immer in einer genau ausgedachten,
politisch symmetrischen Harmonie absolvierte,
rechts ein Konservativer, sonnengebräunt,
halbrechts der liberale Universitätslehrer, er läßt seine
Schwäche für Neger durchblicken, sobald es Zeit dafür ist,
in der Mitte Schweinchen Schlau,
daneben meistens Günter Grass –
wie lange ist das her
und dann Poppy, auf seine Weise im Sitzstreik vor dem
politischen Gegner, den Kameras, der Kultur, und der
Wein schmeckte schal, weil zu viele Lampen brannten,
was ging damals in Poppy vor,
wahrscheinlich nichts Besonderes,
ich saß da und sagte mir:
die schminken dir all deine guten grauen Zellen,
nageln ein Schild darüber und geben dich als neues
Ausflugsziel bekannt!
Kultur begann auf mich zu wirken wie ein Hokuspokus
in der Spraydose, auf der Dose steht:

ZEIG EINEM BABY WIE MAN'S MACHT
ES SETZT SICH VON SELBST WIEDER ZUSAMMEN –
mein Kopf dröhnte hohl wie ein Heuhaufen,
der nur aus verlorengegangenen Stecknadeln besteht,
als sei ich als einziger der gesamten Menschheit dazu
verdonnert, die Langeweile, den Überdruß und die Rache
eines Volkes den heiligen Berg hochzuschleppen,
während im andern Kanal Sisyphos als Schlagersänger
auftritt, ich habs mir fast gedacht,
mit einem Hausfrauenmund auf der Vorderseite,
der immer
KOMM DOCH!
sagt,
mein Fernseher kommt mir vor wie das Aquarium in der
Chefetage, ganz oben, wo die Wolken nicht hinkommen,
angefüllt mit eleganten Züchtungen,
das Ganze untersteht einem Oberkellner,
der früher einmal ein bekannter Diktator war,
dann kommt der Boxer auf einen Sprung rüber,
erzählt von seinem Mädchen,
gestern hat sie den ganzen Tag lang im Bett gelegen
und sich superelend gefühlt, und nachts kicherte sie über
ihre Anfälle von Depression,
ich kenn sie, bin ihr mal begegnet, sie kam auf mich zu,
vibrierte wie die Atemluft in einer Bambusflöte
und sagte »Ich riech nach Militärsuppe, riech mal!«
ich fand das außergewöhnlich,
DER GROSSE RÜHRLÖFFEL TUT SEIN BESTES,
der Boxer grinst,
neben einer leeren Whiskyflasche an Land gespült

und von einer flotten Schönen wieder zum Leben
erweckt werden,
so wollte Papa Hemingway sterben,
deine Freundin wird irgendwann am Blitzlicht des
Modefotografen ersticken,
und ich lande in irgendeiner tödlichen Folterkammer,
die den Vorteil hat, ganz sanft zu funktionieren,
komische Zeiten,
früher jagte der Wahnsinn auf Rossen
hinter seinem Opfer her,
und heute kriegst du morgens ne Drucksache
mit dem Hinweis,
daß alle übergeschnappt sind.
Ich liege da wie ausgeflossen,
in mir zappeln alle Fische,
denen ich das Wasser abgedreht habe,
nimm mein Mädchen, sagt der Boxer,
alles andere ist zu kompliziert,
neulich hatte sie nichts am Leib, nur ein Flugticket
um den Hals und hielt wieder den Leichter-als-Luft-Vortrag,
der immer damit endet, daß sie mich heiraten will,
ich soll ihr Zwillinge machen, gleich jetzt auf der Stelle,
sie will überhaupt so viele Kinder großziehn
wie es Sterne im Weltall gibt und außerdem noch so
vernünftig sein wie ihr Großvater,
der auch Angst hatte vorm Fliegen, verrückt eh?!
Ich dreh den Fernseher ab, klatsche in die Hände,
reibe die Luft raus …
Sie spart jeden Pfennig, sagt er, um den Analytiker
bezahlen zu können,

ihm traut sie einfach alles zu, sie bezahlt dafür,
ihre Hemmungen zu verlieren,
welche?, alle! einfach reden,
klar, der versteht mich eben, sagt sie
und du – sie deutet auf den Boxer, der schon halb
eingeschlafen ist,
und du – so deuten weltberühmte Sopranistinnen ins
Publikum, wenn sie mit ihrer Arie auf Touren kommen –,
und du verstehst einen Dreck, wirklich,
du sitzt nur rum und machst Pause,
meinst du das gefällt mir,
seelisch bist du einfach zu jung für mich! schreit sie,
du bist lieb, aber nichtssagend
wie ein Hühnerarsch,
das geht die halbe Nacht so,
in irgendeiner angefangenen Friedenskostümierung
schläft sie halbnackt ein,
wacht auf,
weckt den Boxer, der hochfährt,
mit einem zerrissenen Traumbild im Kopf,
sie im Waschbecken auf Tigerjagd wie ein Aquarell
von Henry Miller, der seine Farben
bekanntlich mit Bourbon anrührt, heute noch;
sie hat geträumt, daß sie in einem leeren Bett aufwacht,
ein Alptraum, das Gefühl mit dem Schnuller,
der langsam hineingedrückt wird in das größte Gebäude
der Welt,
ich hab einen Hut auf,
Oberkörper nackt,
unglaublich freundlich und verständnisvoll dreinblickend

breite ich beide Arme aus,
wie es der liebe Gott gern getan hätte, mit einem gelben
Handtuch um den Hals
und einem wohligen Gefühl im Körper,
als würde man von einer Orgel beatmet, deren Pedale
im Jenseits arbeiten,
Lichtstunden von jedem physischen Schmerz entfernt,
einer wahren Kettenreaktion von sich auflösenden
Gedanken ausgesetzt,
die wie kleine Bälle nur noch
ping pong
sagen …

The Thrilla of Manila

Noch ein paar Stunden bis zum Kampf ...
Amerikas größtes Ego steigt wieder in den Ring,
der schwarze Schmetterling,
Muhammad Ali, »die schnellfüßigste Verkörperung
menschlicher Intelligenz« (Mailer).
Wahrscheinlich stehen die Wetten gegen ihn,
die Experten setzen auf Frazier, auf diesen in Zement
gepackten schwarzen Mann, dem man seit seiner
fürchterlichen Niederlage gegen Foreman, vielleicht der
fürchterlichsten in der Geschichte des Boxsports, eingeredet
hat, daß Ali alt ist und keine Kraft mehr hat, um einen
austrainierten Mann auszuknocken.
Aber dann kam Kinshasa,
die Nacht als Ali zurückkam,
die Nacht als Foreman fiel, jener Boxer,
von dem die ganze Welt glaubte,
er würde Ali das Maul stopfen.

»Schau dir seine Unterarme an«, sagte Foremans Coach
Archie Moore den Reportern, »hast du jemals solche
Unterarme gesehen ... dieser Junge wird lange, sehr lange
Weltmeister bleiben, niemand kann nehmen, was er
austeilt ... oh boy, das ist die Hölle.«
Aber es kam anders
und Frazier, der am Ring saß und Witze riß,
sah, was geschah,

klatsch! klatsch! klatsch!
ein Mann ohne Angst,
Muhammad Ali,
aber das mit den Fäusten ist nur die eine Hälfte seiner
Strategie, die andere Hälfte ist Allah
und der Rest Poesie.

Für einen Weltklasseboxer gab es nur eins,
er mußte Schläge austeilen und Schläge nehmen können;
und diese Regel galt, bis Ali kam, denn er nahm sich
das Recht heraus und redete,
alle Welt sollte hören, was er fühlte, dachte und daß er
der Angehörige einer Rasse ist, der man das Recht
vorenthält, zu fühlen, zu denken, zu sprechen.
Ali hatte nicht nur den Titel im Kopf, sondern die Vision,
der Führer seines Volkes zu werden,
deshalb redete er, wann immer sich die Gelegenheit bot,
vor den Kämpfen, im Ring und danach in der Kabine,
und seither hört draußen die Welt zu,
weil keiner so redet wie er,
aber das mit den Fäusten ist nur die eine Hälfte seiner
Strategie, die andere Hälfte ist Allah
und der Rest Poesie.

Noch ein paar Stunden nur;
und wie viele gibt es, die darauf warten, daß Ali verliert,
daß dieses größte Ego in der Geschichte Amerikas
zerbricht, denn es ist einfach unerträglich für uns,
dieses Ausmaß an menschlicher, sportlicher und geistiger
Vollkommenheit tanzen und siegen zu sehen –

und deshalb soll es heute nacht aus sein mit ihm,
der den Traum aller Größenwahnsinnigen wahrgemacht
hat, Poesie, Kraft und Schönheit zu vereinigen.
Im Ring von Manila wird es noch andere Töne geben
als das Klatschen der Acht-Unzen-Handschuhe,
noch eine andere Sprache als die der harten Schläge,
denn Ali wird reden
und Frazier wird zuhören müssen,
zum drittenmal
klatsch! klatsch! klatsch!
ein Mann ohne Angst,
Muhammad Ali,
die schnellen Beine, das gute Auge,
der linke Jab, der Shuffle,
all das ist nur die eine Hälfte seiner Strategie,
die andere Hälfte ist Allah und der Rest Poesie.

(Nachtrag: Muhammad Ali blieb Weltmeister)

Als Profiboxer bin ich zu alt

Langsam wurde es Abend
und langsam dunkel.
Ein Mädchen rief an;
ein Mädchen, oder wie du sagst,
wieder so eine.

Sie hatte ANGST, verrückt zu werden.
Ich weiß nicht, sagte sie.
Ich weiß auch nicht, sagte ich.
Wir unterhielten uns über das Wetter
und Zadeks Shakespeare-Inszenierungen, nicht wahr,
und über die Vorteile von Karottensaft.
Ich hörte zu und wurde müde.
Ich dachte an einsame, impotente, kalte Männer,
die nachts von fremden Frauen träumen,
in irgendeiner Hofeinfahrt irgendwo
in ihrem Kopf,
sie haben auch ANGST, verrückt zu werden;
Zärtlichkeit, das sind Schlingpflanzen,
das zieht dich auf Grund.
Ich weiß nicht, sagte sie.
Der Himmel war bewölkt,
man sah keine Sterne,
die Männer, die von der Arbeit kamen,
schliefen bereits, durch mehr als ihren Schlaf getrennt vor
ihren Frauen.

ANGST? Ich warte drei Stunden
auf Alis Kampf gegen Spinks und kroch
nach Alis Niederlage ins Bett,
müde und alt wie ein Ex-Weltmeister.

Ich lag im Bett
und draußen wurde es hell,
es blieb dunkel.

Die Nacht, als Henry Maske gegen Virgil Hill boxte

Gene Kilroy war müde,
was kein Wunder war, war er doch eben erst
in Las Vegas aus der Tür gekommen,
hatte American Airline nach L.A. genommen
und dann Lauda-Air nach München.
Er schaffte es nicht einmal mehr unter die Dusche,
nur die Krawatte hatte er noch gewechselt
und nachgeschaut, ob er Kaugummis dabeihatte,
bevor es mit mir und Freunden zum Kampf ging,
einem Weltmeisterschaftskampf über zwölf Runden,
dessen Betrachtung ihm, wie sich herausstellte,
mißfiel.
Zwölf Runden lang fühlte er sich müde und dachte,
wenn das Boxen keinen Spaß mehr macht,
machte sein Leben auch keinen,
und schimpfte deshalb ein bißchen,
schüttelte den Kopf
und dachte dabei zurück an die Zeit,
als Kämpfer noch kämpften
und Kämpfen noch einen Sinn
und das Leben noch Glanz hatte,
eingeschnürt in vier Seile,
eingefaßt wie ein Edelstein
unter den Sonnen der Tiefstrahler,
als der große Muhammad Ali sein Arbeitgeber war,

als er mit ihm durch die Welt reiste,
von Kontinent zu Kontinent,
von Kampf zu Kampf,
als die Welt noch voller schöner Frauen war,
die nie ihm und wahrscheinlich nie jemand gehörten,
dann war ihm danach, Gott zu danken,
daß er Amerikaner war,
und den Göttern dankte er
für das Geschenk Muhammad Ali,
ihm verdankte er den Glanz,
der auch auf sein Leben gefallen war.
Früher war er stolz, von früher zu erzählen.
Heute machte es ihn traurig, traurig und müde.
Wußte noch jemand, wovon er redete,
wenn er von früher erzählte?

Im Ring da oben passierte nicht viel.
Zwei Boxer (zwei Weltmeister, verdammt noch mal!),
die immerhin beide je zwei Millionen kassierten,
und drum herum Tausende von Menschen,
die offenbar keine Ahnung hatten,
was ein Boxkampf einmal war:
etwas, das einen schlagartig wach werden ließ
und noch Wochen danach wachhielt.
Aber Gene Kilroy fühlte die Müdigkeit –
und nach dem Kampf hatte er Durst.

Auch der Anblick einer blutjungen Schönheit
ihm gegenüber machte ihn nicht mehr wach.
Es war schön, daß es diese Mädchen gab,

deren Schüchternheit das Gefährlichste war.
Dann gab er eine Geschichte zum Besten.
Nach einem Konzert in Las Vegas gingen er
und sein Freund Tom Jones noch einen saufen,
und dabei habe er von ihm wissen wollen,
worauf er in seinem Leben am meisten stolz sei.
Gene, habe Tom Jones geantwortet,
das Beste, was ich je in meinem Leben getan habe,
war, meinem alten Vater, kurz bevor er abkratzte,
noch einmal ein junges Mädchen ins Bett gelegt
zu haben.
Kilroy schaute das Mädchen ihm gegenüber an,
war sich aber nicht sicher, ob sie verstanden hatte,
aber sicher hatte, was er nach dem Zähneputzen
ins Waschbecken spuckte, die Farbe ihrer Augen.

Boxkampf der Eingeborenen in Hawaii
Kupferstich 1789

Artikel,
Interviews

Warum Amerika, Herr Grupe?

Warum Amerika, Herr Grupe?
Weil ich ein Kind der Sonne bin, und die scheint hier in Kalifornien das ganze Jahr. Sie wärmt mir den Kopf und die Seele. Und das tut einem Mann gut, der allmählich auch schon auf die Fünfzig zugeht.

Gibt es andere Gründe?
Ich war immer schon ein in wilder Blüte stehender Individualist. Dafür haben die Amerikaner was übrig. Die mögen das. Außerdem haben sie Faustkämpfer gern und respektieren sie.

Weil sie mehr vom Boxen verstehen?
Natürlich. In Deutschland wollen sie dich umfallen sehen. Hier in den Staaten versteht jedes Kind, daß es Klasse gibt, Technik, Stil. Und sie bewundern das. Hier sitzt ein fachkundiges Publikum am Ring, das auch einen Sinn für die Show besitzt.

Den Sie auch haben.
Danke. Trotzdem gelten Sie in Deutschland gleich als ein Clown, was eine Art Verachtung darstellt. Keiner konnte mich ausstehen. Ich war ganz einfach nur ein Kotzbrocken für die Leute. Nur weil ich nie gemacht habe, was man erwartete. Schon als ich damals in Deutschland ankam, so mit Cowboyhut und Cow-

boystiefeln und einem Grinsen im Gesicht und einer dicken Zigarre in der großen Klappe. Das war zuviel für die Leute. Hier hätten sie sich kindlich amüsiert. In Deutschland haben sie ausgespuckt. Dabei habe ich, aus Reklamegründen, absichtlich den wilden Mann markiert. Sofort war ich auf den Titelseiten. Vor allem die ›Bild‹-Zeitung hat mich richtig wachgekocht. Alles, was vielleicht an Unsinn, Auflehnung und Rambazamba in mir schlummerte, kam zum Vorschein. Ich hatte alle gegen mich. Was den Vorteil hatte, daß ich die Hallen ausverkauft habe. Die Leute kamen, um mitzuerleben, wie ich verprügelt werde. Und sie gingen wütend und enttäuscht nach Hause, wenn ich der Sieger war.

Was haben die Deutschen denn von Ihnen erwartet?
Einen zweiten Max Schmeling wahrscheinlich.

Statt dessen kam ein »Prinz«.
Diesen Titel hat die Presse mir auf die Backe geklebt. Ich hatte als Junge mit meinem Vater in den Staaten gecatcht – und zwar als Wilhelm von Homburg. Daraus hat dann irgendein Schlaumeier »Prinz von Homburg« gemacht. War ja gar nicht mal so übel.

Wie würden Sie sich selbst charakterisieren?
Ich bin aus Spontaneität zusammengesetzt, mit einem Schuß Humor und viel Menschenliebe, umgerührt in leicht überheblicher Tendenz.

Und davor haben die Leute Manschetten?
Die fürchten sich doch vor jedem Unikum oder Einzelgänger. Individualisten werden zusammengetreten. Selbst mein Lächeln hat den Leuten die Schauer der Abscheu über den Rücken gejagt.

Sie fühlten sich also ungeliebt?
Das war in erster Linie damals eine Frage der Gage. Für einen Mord an mir hätten sie Höchstpreise gezahlt.

Was alles hat denn zu dieser negativen Popularität beigetragen?
In erster Linie die Presse, die ihren Lesern vorschreibt, wie und was sie zu fühlen, zu urteilen und zu reagieren haben. Der Buhmann wird nie geliebt.

Sie selbst nicht?
Natürlich, und zwar kräftig. Ich habe ein Faible dafür, die Leute nie ruhig auf ihren Stühlen sitzen zu lassen. Ich bin offenbar erst dann zufrieden, wenn sie aufspringen, schreien oder sonstwie gestikulieren. Und wenn sie mit dem Gefühl heimgehen, daß sie einen Krieg miterlebt haben. Das alles kommt ja von meiner Zeit als Catcher her. Und als Boxer ist mir das geblieben. Die Menschen müssen mehr als aufgeregt sein, wenn ich auftauche, müssen mehr Emotion in mich investieren. Das gefällt mir.

Haben Sie Fehler gemacht?
Wie jeder Mensch habe auch ich welche gemacht.

Zum Beispiel?
Ich kriegte mal ein Kampfangebot, gegen Peter Müller zu boxen. Das hab ich dann von 20 000 auf 50 000 Mark hochgeschaukelt. Und als sie das endlich akzeptiert hatten, verlangte ich weitere 10 000 Mark. Dann haben die natürlich gesagt: Nein! Das war ein Fehler. Der Kampf fand nie statt.

Ich meine andere Fehler, die aus Unschuld sozusagen?
Ich ließ niemand an mich ran. Keiner hatte Einfluß auf mich. Es war aussichtslos, mir klarzumachen, daß ich einen Manager brauche. Das würde heute gehen. Ich würde heute mit mir reden lassen. Und zuhören.

So bin ich im Alter doch noch etwas schlauer geworden.

Obwohl man sagt, Boxer seien doof.
Wer sagt das?

Die Deutschen.
Oh, die Deutschen? Tja, dann wird's wohl stimmen.

Von Ihren Landsleuten halten Sie offenbar gar nichts.
Sie sind unfreundlich wie das Wetter dort. Düster, grau, regnerisch. Sie haben den Kragen hochgeschlagen, den Schirm über dem Kopf und die Augen auf den Boden gerichtet. Alle sind sie mies gelaunt. Dagegen hier in Kalifornien, da muß man die Sonne durch ein Grinsen abwehren, und dadurch zeigen sich die Zähne.

Was könnte Sie dazu bringen, zurückzukommen?
Nichts.

Daran kann doch aber nicht nur der Regen schuld sein?
Nun ja, ich könnte, selbst wenn ich es jetzt wollte, gar
nicht zurück, weil mir die Staatsanwaltschaft wieder
mal so ein Ding angedreht hat.

Ein Ding?
Ich soll einem Taxifahrer einen Elfmeter verpaßt haben (vulgo: verprügelt haben!). Und dafür geht man in
Deutschland eben erst einmal unbesehen in den Knast.
Dort sitzt man dann, wartet, bis ein Termin anberaumt
wird, und dann stellt sich heraus, daß alles gar nicht so
war. Und der Richter sagt dann nur zu dir: Tut uns leid,
Sie können heimgehen. Diese Aussicht ist nicht ge-
eignet, irgendwelches Heimweh aufkommen zu lassen,
verstehen Sie?

Sie sind unschuldig?
Ich war schon immer dafür populär, daß man mir alles
zutraute. Einem Boxer schon allemal.

Fühlen Sie sich in Kalifornien im Exil oder zu Hause?
Ich bin auf Planet Erde zu Hause.

Hat sich die ganze Boxerei gelohnt?
Sicher, ich lebe noch heute davon. Meine Popularität
wird nicht aussterben zu meinen Lebzeiten. Außerdem
trifft man als Berufsboxer interessante Leute. Wenn ich

Radfahr-Champion gewesen wäre oder ein Tischten-
nisspieler, hätte ich kaum all die Dichter und Denker
kennengelernt.

*Gibt es eine Erklärung für dieses Interesse der Intellek-
tuellen am Boxsport?*
Im Ring, glauben Sie mir, lernt man 'ne ganze Menge
Lebenserfahrung, und zwar in kürzester Zeit, in Sekun-
denschnelle sozusagen. Bevor ich gegen jemanden an-
trete, muß ich ihn kennenlernen, einschätzen, auf die
Probe stellen, die Stärken und die Schwächen erkun-
den und mir was einfallen lassen, denn immerhin geht
es ja um meinen Kopf dabei. Ein Irrtum wird gnadenlos
bestraft, und er kostet dich mehr als nur den Sieg, er
kann dich dein Herz kosten. Von der Gesundheit zu
schweigen.

Sie traten einmal im »Aktuellen Sportstudio« auf …
… und habe geschwiegen.

Warum?
Das würde ich natürlich viel lieber bei der nächsten
Einladung im »Sportstudio« selber erzählen. Wenn dir
ein Sportreporter impertinente Fragen stellt, die ihm
nicht zukommen, dann wächst dir ein Kamm. Auf an-
maßendes Fragen kann ich dem Mann entweder einen
Klatscher (vulgo: Ohrfeige) geben oder … ja was? Das
war zu dem Moment in einer Live-Sendung eine Über-
lebensfrage. Da ist mir Gott sei Dank eingefallen, daß
man einen Reporter sterben lassen kann am ausge-

streckten Finger. Also ließ ich den Günzler verrecken. Auf Frechheiten gibt's keine Antworten. Und deshalb habe ich geschwiegen. Eine elegante, klare Sache.

Von diesem Interview spricht man noch heute.
Man hat mir erzählt, daß sie dieses Interview an den Journalistenschulen als Anschauungsunterricht benutzen, noch heute. Die haben dafür sogar eine neue Vokabel erfunden: das »Schweige-Interview«. Dabei geht es bei der Schulung um den sogenannten »von-Homburg-Effekt«. Ein Interviewpartner, der überhaupt nichts sagt. Und die angehenden Journalisten sollen lernen, mit einer solchen Situation fertig zu werden. Damit das nun ja nicht noch mal vorkommt.

Was war im übrigen der härteste Schlag, den Sie je eingesteckt haben?
Jedenfalls waren die Schläge, die ich im Ring abbekommen habe, die leichteren. Die Schläge außerhalb der Ringseile, im Leben, die sind härter. Die härtesten Schläge kriegt man wohl von den Damen. Und zwar grundsätzlich unter die Gürtellinie, weil die ja meist sehr unfair kämpfen.

Mit wem haben wir dieses Interview geführt, mit Norbert Grupe oder mit dem »Prinzen von Homburg«?
Wie Sie wollen. Beide leben noch.

Worin liegt der Unterschied?
Der eine verdient das Geld, der andere gibt es aus.

Wie verdienen Sie heute Ihr Geld?
Ich bin in meinen alten Beruf der Schauspielerei zu-
rückgekehrt. Ich verdiene wöchentlich 2500 Dollar,
wenn ich bei einer der großen Companies drehe. Es
geht also wieder aufwärts. Ich habe gerade für »Ghost-
busters II« unterschrieben. Außerdem besuche ich re-
gelmäßig hier die Schauspielschule.

Ein neuer »von-Homburg-Effekt«?
Mal sehen. Vielleicht nenne ich mich demnächst »Oscar von Homburg«.

(1988)

Warum ist Boxen so oft Schiebung, Herr Bergmann?

Morgen hätte Henry Maske gegen Virgil Hill in den Ring steigen sollen. Hätte man Bedenken wegen Schiebungen haben müssen?

Halte ich für ausgeschlossen. Die Frage ist eine andere: Wie gut wäre der Kampf geworden? Wir haben es hier mit zwei blendenden Technikern zu tun, mit zwei Faustfechtern. So ein Kampf kann leicht, wie wir Reporter sagen, ein Absinker werden, also langweilig. Wenn das Ausweichen wichtiger wird als das Attackieren! Das Boxen nur zu reduzieren auf die noble Art der Selbstverteidigung, das ist Blödsinn. Das Wichtigste ist und bleibt der Angriff. Das Beste ist ja, einem Schlag auszuweichen, dann aber zu kontern, also zu schlagen und zu treffen.

Ihre Meinung zu Henry Maske insgesamt?

Ich habe fast alle seine Kämpfe kommentiert, auch schon seinen Olympiasieg. Ich kenne ihn persönlich und schätze ihn ungemein. Er ist absolut seriös. Für mich sogar eine Spur zu seriös. Ich hab's gern, wenn einer den Schalk im Nacken hat. Das fehlt mir bei Maske. Er ist ein Schachspieler im Ring, ein Musketier, ein Akademiker. Und deshalb würde er in Amerika vor halbleeren Häusern boxen. Die Amerikaner lieben es, wenn gefightet wird, Schlag um Schlag. An Maske ist faszinierend, daß er einen physisch überlegenen Gegner – und da gab es ja einige – mit intelligenten Mitteln ad absurdum führen kann.

Wird in Deutschland geschoben?
Ich bin froh, daß das klare Urteil gegen Torsten May die Dinge wieder etwas geradegerückt hat. Ich dachte nach den Urteilen, die unlängst gefällt wurden, daß die Sache irgendwie den Bach runtergeht.

Sie meinen die letzten Kämpfe des WBO-Weltmeisters Dariusz Michalczewski?
Das Urteil im Kampf gegen Rocchigiani war für mich total unverständlich. Und auch seine Kämpfe davor lassen Vermutungen zu. Das waren zweifelhafte Entscheidungen.

Warum werden Boxkämpfe verschoben?
Aus den unterschiedlichsten Gründen. Ursprünglich ging es nie um Geld. Nehmen wir den ersten schwarzen Schwergewichtsweltmeister, den legendären Jack Johnson. Da ging ein Aufschrei durchs ganze Land, das ja ein Land der Weißen war. Da Johnson mit sportlichen Mitteln nicht zu besiegen war, wurde er bedroht. Es gab Morddrohungen gegen ihn und seine Mutter. Man zwang ihn, sich flach zu legen, was dann in Havanna auch geschah. Eindeutig war das Betrug. Und Amerika hatte einen weißen Champion. Aber es gab noch bösere Schiebungen. Zum Beispiel die mit Max Schmeling.

Hatte die Mafia geschlafen, als er Joe Louis in der zwölften Runde ausknockte?

Nein. Die Mafia war sich in diesem Fall zu sicher, daß Schmeling chancenlos gegen das Genie Louis sein würde. Drei Jahre vorher war Schmeling ja brutal vernichtet worden durch Max Baer in einem der für mich brutalsten Boxkämpfe überhaupt. Danach hat er auch nicht viel zerrissen. Was sollte Schmeling also groß anrichten können. Und dann die Sensation! Was ja das Schöne am Boxen ist. Es gibt immer wieder Überraschungen.

Aber dann war die Mafia aufgewacht?

Und vor allem Joe Louis! Es war vor dem Kampf ausgemacht, daß der Sieger um den Titel des Weltmeisters gegen Braddock boxen darf. Das wäre Schmeling gewesen. Nur kam es dazu nie. Und warum nicht? Joe Louis hat mit Braddock abgesprochen, daß der, wenn er nicht antritt, an allen Börsen, die Louis verdient, prozentual beteiligt ist. Bei nahezu fünfundzwanzig Titelkämpfen für Braddock ein gutes Geschäft.

Wie hat Schmeling reagiert?

Wie ein Gentleman, er hat darüber nie ein Wort verloren. Und mit Joe Louis war er ja bis zu dessen Tod eng befreundet. Aber damals war Louis der kommende wichtige Mann. Und ihn mußte man behalten, koste es, was es wolle.

Womit wir beim Geld wären. Das ist doch sicher der Hauptgrund einer Schiebung?

Natürlich. Das Geld verdirbt im Sport immer die guten Sitten. Ich habe den zweiten Kampf Muhammad Alis gegen Ken Norton kommentiert, ich saß am Ring und habe, wie ich das immer tue, mitgepunktet, und Ali lag am Schluß hinten – und hat trotzdem gewonnen. Das große Geschäft war nur mit Ali zu machen. Da hat man eben ein bißchen getürkt. Das war keine Absprache vor dem Kampf, aber es war mit den Punktrichtern zu machen, ihn zum Sieger zu mogeln.

War Ali ein sauberer Champion?

Es gibt Grenzfälle, die keine Schiebungen sind, sondern kleine Tricks, die einfach zum Profigeschäft dazugehören. Nehmen wir seinen Kampf gegen Henry Cooper. Ali war schwer angeschlagen, als er in seine Ecke, man kann fast sagen, taumelte. Damals hieß er noch Cassius Clay. War gerade mal neunzehn oder zwanzig. Und es sah für einen kurzen Moment wirklich danach aus, als habe es das Großmaul erwischt. Und was passierte? Sein Trainer Angelo Dundee schnitt mit einer Rasierklinge die Verschnürung der Boxhandschuhe auf. Der Trick rettete Clay. Es vergingen einige Minuten, bis unter Aufsicht des Ringrichters die Bandagen wieder dran waren – für einen austrainierten jungen Burschen jedenfalls genug Zeit, sich zu regenerieren. Und Clay hat dann ja auch noch gewonnen.

In Zaire, im Kampf gegen Foreman, gab's einen weiteren kleinen Trick?
Richtig, da hat Dundee die Spannung aus den Ringseilen genommen, damit sie mehr nachgeben, wenn man sich gegen sie anlehnt. Und so war's dann ja auch. Ali hing in den Seilen, die nachgaben und den Schlägen von Foreman viel von ihrer Kraft nahmen.

Geht es immer so trickreich zu?
Ich glaube, die amerikanische Boxgeschichte ist genauso bunt wie die amerikanische Kriminalgeschichte. Betonierte Bandagen. Hufeisen unterm Handschuh – das war ganz früher der Fall. Die Mafia braucht nicht so einfältig zu arbeiten. Sie beherrscht den Markt. Ihr gehören die Hotels in Las Vegas, wo die großen Kämpfe stattfinden. Sie kontrolliert das Wettgeschäft, wo enorme Summen zu verdienen sind. Aber das heißt wiederum nicht, daß alles, was im Ring geschieht, getürkt ist. Es sind auch große tragische Inszenierungen dabei.

Woran denken Sie?
An Primo Carnera, den Riesen mit dem guten Herzen, wie man ihn genannt hat. Eine tragische Figur. Den hat die Mafia eingekauft und aufgebaut. Der hat jeden umgehauen – jeden gekauften Gegner. Die Jungs fielen reihenweise um. Der arme Carnera, einfältig, wie er war, mußte wirklich glauben, daß er der Größte sei. Er wußte von nichts. Er war als Sensation ein Markenartikel, bis ihn dann Max Baer, jener Deutschstämmige, der Schmeling verprügelt hat, erwischte.

Wie war das möglich, wenn Carnera doch auch ein Mafia-Mann war?
Die Herren mit den Hüten merkten, daß sich diese Inszenierung auf Dauer nicht weiter fortsetzen läßt. Also hat man ihm einen wirklich starken Mann hingestellt, der machen durfte, was er wollte und konnte, eben Max Baer. Carnera hat man fallenlassen wie eine heiße Kartoffel.

Inwieweit sind die Boxer selbst informiert über einen Betrug?
Carnera war es nicht. Es ist auch das Beste, vor allem den Gewinner nichts wissen zu lassen. Es sind die Verlierer, denen man befiehlt, nicht zu gewinnen. Man will einem, dem man durch Schiebungen oder sonstige Betrügereien den Weg nach oben ebnen will, ja nicht den Glauben an seine Kraft nehmen. Er wird eben aufgebaut.

Mit allen Mitteln?
Da läßt sich ja einiges machen, ohne gleich zum Geldbeutel greifen zu müssen. Das ist die Härte dieses Sports, seine Brutalität. Ich stelle einen jungen, schlagstarken und aussichtsreichen Mann gegen abgewrackte, teilweise schon weichgeschlagene Gegner, also sogenannte Aufbaugegner. Wenn es dann ernster wird, kann man eben die Ranglisten türken, was ja gründlich getan wird. Man nimmt also einige Boxer unter die ersten zehn Herausforderer, die es nicht immer wert sind, so weit oben plaziert zu werden. Dann kann der

Weltmeister seinen Titel verteidigen, ohne in allzu große Gefahr zu geraten. Wenn Sie so wollen, ist das eine indirekte Art von Schiebung. Die Ranglisten sind immer anfechtbar.

Ist es falsch, wenn mir jetzt der Kampf Henry Maske gegen Iran Barkley einfällt?
Barkley, einst ein Klassemann, der immerhin drei Titel hatte, war zu dem Zeitpunkt, als er gegen Maske antrat, ein ausgesungener Tenor, der überdies schon beträchtliche Probleme mit seiner Sehkraft hatte. Aber der Name zog noch, und, nicht zu vergessen, er war tiefschwarz. Die Urangst vor dem schwarzen Mann wurde ausgespielt. Dieser Maske-Kampf war keine glückliche Sache.

Ist denn nicht bereits das Existieren so vieler Box-Weltverbände auch schon eine Großorganisation von Schiebung?
Geht man hundert Jahre zurück, da hat es drei Gewichtsklassen gegeben. Leicht-, Mittel- und Schwergewicht. Bei den ersten Olympischen Spielen 1908 waren es acht Gewichtsklassen. Jetzt bei den Profis sind es siebzehn. Siebzehn Gewichtsklassen und vier Verbände – wobei sich immer weitere Verbände bilden: Diese Inflation macht den gesamten Boxsport unseriös. Man hat plötzlich siebzig, fünfundsiebzig Weltmeister. Mehr als beim Catchen. Und deshalb müssen alle, die wie ich den Boxsport lieben, für die Vereinigungskämpfe sein, die Zusammenlegung der Titel. Insofern hat der Kampf von Henry Maske gegen Virgil Hill eine große Bedeutung.

Mike Tyson will im Eiltempo Meister aller Verbände werden. Ist Tyson bestechlich?

Im Moment sicher nicht. Er ist verbittert durch die Jahre im Gefängnis, hat Kraft – und eine Stinkwut. Man sagt ja, er sei manisch-depressiv. Ganz sicher gibt es massive »Gespräche«, er solle nicht alle Kämpfe so schnell beenden, weil sündhaft viel Geld verlorengehe durch die verpaßten Werbesekunden. Und wer zahlt auf Dauer viel Eintrittsgeld für gerade mal ein, zwei Minuten? Aber selbst da bleibt Tyson unbeirrbar. Denkbar, daß es Überlegungen gibt, ihn wieder ins Gefängnis zu schicken. Da hat die Mafia immer die besten Ideen – und das richtige weibliche Personal. Dafür, leider, ist Tyson anfällig.

Macht es noch Spaß, bei soviel Lug und Trug Boxkämpfe zu kommentieren?

Und wie! Aber ich bedaure, daß die hohen athletischen Leistungen, die Boxer erbringen, durch diese Geschichten oder Gerüchte zu kurz kommen. Mich fasziniert das alles. Die geradezu ungeheuerliche Konzentrationsfähigkeit, das Ausfließenlassen von Aggression, die richtige Dosierung von Kraft. Drei Tropfen zuviel, und du machst alles falsch. Die Kraft zum Sieg kommt nicht durch wildes Draufschlagen, durch Haß. Man muß bei aller Entschlossenheit, siehe Tyson, auch gleichzeitig kontrolliert agieren. Das erfordert Intelligenz und Psychologie. Man muß als Boxer den Kampf »lesen« können. Da gibt es, schon im Vorfeld eines Kampfes, so viele Feinheiten, die mit den Fäusten selbst nichts zu tun haben.

Ist das Gerede über Schiebungen übertrieben?
Hierzulande sicher. Aber zum Schluß noch ein Beispiel der Extraklasse. Bei sogenannten Dreier-Serien
– wenn Boxer in ihrer Laufbahn dreimal gegeneinan-
der antreten – sind Schiebungen wahrscheinlicher. So
eine Dreier-Serie gab es in den Jahren 1948 bis 1950:
drei legendäre Kämpfe zwischen Willie Pep und Sandy
Saddler im Federgewicht. Die Sache war abgekartet.
Aber was waren das dennoch für Ringschlachten! Da
sind Boxgrößen und Fachleute wie Jack Dempsey und
Gene Tunney vor Begeisterung auf die Stühle gesprun-
gen und haben applaudiert. Der Boxkampf war einfach
phantastisch, trotz der Schiebung. Das Boxerherz ist auf
Hochtouren gelaufen. Schlagkombinationen, wilde At-
tacken, Verteidigungsaktionen wie aus dem Bilderbuch.
Keiner hat den anderen geschont – was deshalb so völlig
absurd klingen muß, weil der Sieger ja feststand.

Wie kam es heraus?
Durch eine verbitterte, sitzengelassene Ehefrau; wes-
sen Frau es war, müßte ich nachlesen. Sie hat einen
Briefwechsel aufgedeckt, aus dem klar hervorgeht,
daß getürkt worden war. Trotzdem wurden während
des Kampfes heroische sportliche Leistungen vollbracht. Die Schiebungen haben die Leistungen nicht
beeinträchtigt. Komisch, aber wahr. Und es zeigt: Sogar
Schiebungen nehmen dem Boxsport nicht das Herz.
Und deshalb gehört mein Herz weiterhin diesem fas-
zinierenden Sport, trotz allem.

(1996)

Ali boma ye

Diese Erinnerung tut immer noch weh. Ich hatte den Job, meine Akkreditierung und (ich, der Spritzen nicht ausstehen kann) alle nötigen Impfungen. Alles in mir jubelte. Ich würde nach Kinshasa fliegen, in den schwärzesten Teil des dunklen Afrikas, das berüchtigte ehemalige Léopoldville im Kongo, das sich nun Zaire nannte, Zentrum des Sklavenhandels einst, ein blutendes, ausgebeutetes Stück Erde unter dem Tyrannen Mobutu, bis auch ihn ein Putsch hinwegfegte. Aber am 30. Oktober 1974 war er der Gastgeber. Gegeben wurde der Kampf George Foreman vs. Muhammad Ali – in vieler Hinsicht ein Kampf des Jahrhunderts.

Zuerst war, was stattfinden sollte, nicht einfach nur ein Boxkampf des Champions (Foreman) gegen seinen Herausforderer (Ali). Mobutu erklärte, es sei »une honneur pour l'homme noir«. Nun waren beide Boxer Schwarze, da gab es also feinere Unterschiede. Und Ali präsentierte sie: Er kam aus Deer Lake, seinem Trainingscamp, wo er in der Nachbildung einer Sklavenhütte trainierte, zu seinem Volk, nach Hause zu seinen Glaubensbrüdern.

Als der Kampf wegen einer Verletzung Foremans um einen Monat verschoben werden mußte, reiste der Weltmeister in die Staaten zurück, Ali blieb. »Ich bleibe bei meinem Volk!« Eine ermüdende Warterei, die Ali als Botschafter seines Glaubens nutzte. Er gab den Segen – und holte sich die Kraft aus den Seelen der Menschen, die ihm zujubelten. Andere langweilten sich. Angelo Dundee langweilte sich so sehr, daß er, wie er einem Interviewer anvertraute, den Eidechsen Liegestütze beibringen wollte.

Der angekündigte Kampf schien, auch wenn man nicht zu Übertreibungen neigt, gewaltiger zu werden als alles bisher Erlebte. Don King, der Veranstalter, hatte diese Inszenierung vorbereitet wie einen Nachtrag zur Schöpfungsgeschichte. Anders als mythologisch war der Sache nicht beizukommen.

Nie war Foreman besiegt worden. Auf seiner Liste standen 35 Knockouts, alle im Durchschnitt vor der dritten Runde. Er hatte einen weiten Weg zurückgelegt seit jener Zeit, als er noch an der Ecke der Lyons Avenue stand und mit jedem, der daherkam, Streit anfing. Er verdrosch sie und nahm ihnen die Zigaretten weg. Er war einer von der Straße, der Glück hatte zu überleben. Er war brutal, bösartig, ein Vollstrecker ohne Gnade, kurz: wieder einer, an dessen Unbesiegbarkeit auch jene glaubten, die diesen Fehler '64 schon einmal gemacht hatten, als sie Sonny Liston (vor dem ersten Kampf in Miami gegen den blutjungen Cassius Clay) für unschlagbar hielten.

Nachdem Ali den Titelkampf (am 8. März 1971) in New York gegen Joe Frazier nach Punkten verloren hatte, trat dieser zwei Jahre später in Kingston auf Jamaica gegen Foreman an. Frazier machte den Fehler, Angst zu haben. »Die Toten zittern in ihren Gräbern«, hatte Don King den Eindruck, den er von Foreman gewonnen hatte, in Worte gefaßt. Frazier zitterte bei lebendigem Leib, als er vor Foreman davonlief, um seinem Peiniger, dem er einen Totschlag zutraute, zu entkommen. Foreman strahlte die Begierde eines Tollwütigen aus, der seinen Gegner nicht nur besiegen, sondern vernichten will. Zum Schluß holte Foreman noch zu einem üblen Roundhouse-Schwinger aus, der Frazier am Hinterkopf traf, ihn hüpfen ließ – und dann fallen. Ein widerwärtiger Schlag, ausgeführt von einem Mann, der keine Kontrolle kannte, der weniger ein Boxer war als ein aus dem Rohmaterial eines King Kong gefertigter Alptraum.

Soviel zum Weltmeister, der keinen Grund sah, sich vor Ali zu verstecken, auch wenn der aller Welt versicherte, Foreman sei für ihn kein ernst zu nehmender Gegner. Nun hatte Ali damals in Miami die gleichen großen Töne gespuckt – und recht behalten. Warum glaubte ihm wieder keiner? Warum stand auf Veranlassung von Alis Arzt Ferdie Pacheco auf dem Rollfeld des Flughafens in Kinshasa ein aufgetanktes Flugzeug, um Ali eventuell sofort in ein Krankenhaus nach Madrid fliegen zu können?

»Dieser Kampf«, ließ Ali auf einer der zahllosen Pressekonferenzen wissen, »wird nicht nur das größte Ereignis in der Geschichte des Boxens sein, sondern sich außerdem als größtes Ereignis der Weltgeschichte erweisen.« Er wartete erst gar nicht auf Zustimmung, sondern fuhr fort: »Ich bin ein Meister des Tanzes, ein ganz großer Künstler!« Und beendete den Gedankengang biblisch: »Ich aber sage euch, er kann nicht boxen!«

Die Einheimischen in den hintersten Reihen riefen: »Ali boma ye« (Ali töte ihn). Sie trugen diesen Schlachtruf auf die Straße. Sie sangen ihn in den Städten und den Dörfern des Landes.

In den Stunden vor dem Kampf war es still in Alis Umkleidekabine, nicht einmal Bundini Brown gelang ein Scherz. Natürlich entging Ali nicht, daß sie Angst um ihn hatten. Aber was war diese Angst wert gegen Allah, der ihn beschützte? Noch Minuten vor dem Kampf (unterbrochen nur vom gemeinsamen Gebet mit seinen Muslimbrüdern) behandelte Ali seinen Gegner ohne Respekt. Man mußte verrückt sein, keine Angst zu haben. Gut, dann war Ali eben verrückt.

Auch Foreman hatte Pressekonferenzen abgehalten. Daß Ali seinen Sieg prophezeite und ihn als Triumph des Islam interpretierte, wollte er nicht kommentieren. Davon verstand er nichts. Er verstand auch nicht, warum der Herausforderer so viel interessanter sein sollte, denn die meisten Fragen betrafen Ali. So wollte ein Reporter wissen: »Was halten Sie von seiner Bemerkung, er werde Ihnen direkt vor dem Kampf etwas sagen, das Sie in der Seele treffen wird?« Foreman meinte nur, daß genug geredet worden sei – und lud die Reporter ein, sich sein Sparring anzuschauen.

Was Ali vor dem Kampf zu Foreman sagte? »Du hast seit deiner Jugend immer wieder von mir gehört. Du bist mir gefolgt, seit du ein kleiner Junge warst. Jetzt mußt du dich mir stellen – mir, deinem Meister!«

»Wir werden tanzen«, hatte Ali in der Umkleidekabine verkündet. »Die ganze Nacht werden wir tanzen«, rief ihm Bundini Brown zu. Die anderen stimmten ein. Nur Angelo Dundee war in Gedanken mit einem entscheidenden Detail beschäftigt. Während Ali im Ring auf den Champion wartete und die Fans unter den Zuschauern mit dem angedeuteten Trommelfeuer seiner schnellen Fäuste und seinem berühmten Shuffle unterhielt, während die, angefeuert von Ali, ihr *Ali borna ye* sangen – und die Offiziellen mit ihren Papieren und ihrer eigenen Nervosität beschäftigt waren, ging Angelo Dundee mit einem Drehschlüssel seelenruhig die vier Pfosten des Rings ab und lockerte die Spannschrauben – und somit die Spannkraft der Seile. Niemand kümmerte sich darum.

Nun, nach Jahrzehnten, ist die Spannung natürlich den Einsichten gewichen. Noch immer aber bleibt in jedem, der diesem Sport mehr abgewinnt als die kurze Sensation eines Gladiatorenkampfes, dieses ungläubige Staunen bewahrt, das letztlich keine Erklärung hat: Wie konnte Ali verdauen, was Foreman austeilte? Er nahm die schwersten Schläge, die ein menschliches Wesen je in einem Boxring gegen die Rippen, die Nieren, den Kopf eines Athleten abfeuerte. Und das mit geradezu überheblicher Gelassenheit.

Der Kampf selbst hatte drei Phasen. Er hatte vier Runden, die jede Befürchtung, was über Ali hereinbrechen mochte, bestätigten. Er hatte, zweitens, eine fünfte Runde, die berühmt gewordene fünfte Runde! Und danach den Abgesang der letzten drei bis zur Mitte der achten Runde.

Ich bin ein Meister des Tanzes, hatte Ali verkündet.

Nur, er tanzte nicht, nicht einmal in den ersten vier Runden. Nein, Angst zeigte Ali nicht, aber es war nicht jener Ali, den die Welt liebte. Alles schien er falsch zu machen. Er stellte sich an die Seile, nach allen bisher bekannten Theorien der gefährlichste Platz für einen Boxer. Wohin ausweichen? Man muß sich nach vorne, am besten durch den Gegner hindurch, den Weg freischlagen. Ab der Mitte der zweiten Runde lehnte Ali zumindest die ersten zwei der drei Minuten an den Seilen – das aber, dank der List seines Engels Dundee, so weit zurückgelehnt, daß Foreman praktisch über ihn fiel.

Allmählich wird klar, daß sich Ali freiwillig in diese scheinbar aussichtslose Situation begibt – es ist nicht der Druck des Champions, der ihn dort festhält. O-Ton Ali, während er den Schlägen auszuweichen versucht: »Komm schon, George, zeig mir, was du kannst … (die Punkte dokumentieren die Schläge, die Foreman auf Alis Eingeweide abfeuert). »Kannst du nicht härter schlagen?« … (links, rechts, rechts) … »Ich dachte, du wärst der Champion!« Zur Erinnerung: Der Kampf begann um vier Uhr nachts – und die Quecksilbersäule zeigte ungefähr 30 Grad. Die vierte Runde beschließt einer der besten Schläge Foremans, der voller Hoffnung in seine Ecke geht. Ali ist getroffen, aber er denkt nicht daran, seine Respektlosigkeit Foreman gegenüber einzustellen. Im Gegenteil: Er lächelt! Aber wer soll ihm dieses Lächeln abnehmen?

Phase zwei: die fünfte Runde. Ali an den Seilen, Foreman mit den letzten Reserven und im festen Glauben, ihn in den nächsten drei Minuten zu erledigen. Was, wenn nicht das jetzt einsetzende Trommelfeuer soll er noch abliefern? Ihm fehlt die Kraft zu einem sauberen, entscheidenden Schlag, also liefert er sie bündel- und tonnenweise. Nicht zu fassen: Ali nutzt die letzten dreißig Sekunden dieser Runde, einige Rechte, einen linken Haken und noch eine Rechte zu landen. Norman Mailer beschreibt Foreman in dieser Phase wie folgt: »Foremans Gesicht war stark zerschlagen, in seinen Armen tobte glühheiß die Lava der Erschöpfung, und sein Atem erreichte die Lungen brüllend wie der Gluthauch eines Hochofens.« Der Champion war mit den Kräften am Ende, auch mit den mentalen. Er verstand die Welt nicht mehr. Der Irre da stand noch immer.

Phase drei und Schluß. Beide hatte das Kämpfen in der fünften Runde erschöpft, auch Ali. Nur: Beide hatten nun zwei völlig verschiedene Aufgaben vor sich. Foreman wußte nicht mehr, wie er seinem Körper die Kraft abverlangen sollte, den Gegner doch noch besiegen zu können. Ali dagegen wußte, er konnte den Kampf gewinnen, nur war ihm noch nicht klar, wie er ihn glanzvoll beenden konnte. Er würde Foreman ausknocken, das war nicht mehr zweifelhaft. Aber einem Künstler, der Ali war, konnte es nicht gleichgültig sein, wie das geschah.

Die ersten beiden der letzten Runden waren langsam. Ali durfte keine Kraft vergeuden. Er tanzte nicht, sondern stand provozierend gleichgültig wieder nur an den Seilen. Dann die achte, die finale Runde. Nach der ersten Minute geschah die Überraschung: Zum ersten

Mal in diesem Kampf war es Ali, der Foreman mit einer Schlagkombination und einem geschickten Ausweichmanöver so verwirrte, daß nun der Champion an den Seilen stand. Und Ali, jetzt ganz der Matador, schlug drei kapitale Rechte, danach eine Linke – und fing den taumelnden Weltmeister mit einem letzten Schlag ab. Der Rest trieb Foreman nicht nur der endgültigen Niederlage entgegen, sondern dem Wahnsinn, denn er konnte nicht mehr begreifen, was da mit ihm vorging. Schon fiel er, aber jeder sah, wie er in der Luft nach einem Halt suchte, der den Sturz verhindern konnte. Ali schaute zu, wie Foreman in einer Spirale nach unten sackte. Auch die, die nichts übrig hatten für einen Boxer wie Foreman, mußten Mitleid haben. Er war ja nicht nur besiegt, sondern gedemütigt worden. In seinem Bewußtsein gab es keinen Rest an Würde mehr.

Es war vorbei. Und der Himmel über dem Kongo wurde langsam hell – und dann entlud sich der Regen, auf den das Land seit Monaten gewartet hatte. Es würde nun lange regnen.

(1999)

Mike Tyson

Morgen früh, nach europäischer Zeitrechnung in aller Herrgottsfrühe um vier, steigt in Las Vegas der Schwergewichtsboxer Mike Tyson, genannt Das Eisen, in den Ring, kehrt damit unter die Tiefstrahler einer Arena zurück, die das Endgültige einer Hinrichtungsstätte nachahmt – und sie an Grausamkeit doch übertrifft, denn der Hingerichtete muß weiterleben. Eine Strafe, die manchmal (und wie wir wissen, oft genug) auch die Sieger ereilt.

Ganz anders als noch zu den Zeiten, als um die gleiche nachtschlafende Stunde ein unfaßbar faszinierender Champion wie Muhammad Ali in den Ring stieg, um dort oben seine kunstvolle und staunenswert vollkommene, eigentlich bis zuletzt unbegreifliche Arbeit mit Fäusten zu beginnen, werde ich Tysons zweites Comeback ignorieren und durchschlafen.

»Er wird sterben«, hat Tyson angekündigt – was für einen, der das Faustkämpfen zweier Athleten so bewundert wie ich, noch weniger ein Grund ist, mich am Fernseher als Augenzeuge einzumischen. Aber Tysons lapidare Feststellung ist einen Gedanken wert. Mein Desinteresse an diesem berüchtigsten und lange tatsächlich gefährlichsten Schläger in der Boxgeschichte der letzten Jahre vielleicht noch einen zweiten.

Er wird sterben! Gemeint ist François Botha, einer

der vielen Berufsboxer, auf die es nie ankommen wird; sie kommen zum Kassieren.

Warum sagt Tyson so etwas? Ist es der schwarze Humor eines Schwarzen, der von Humor nichts versteht? Ist es die Gedankenlosigkeit eines Primitiven, der eigentlich nur sagen wollte, er hat gegen mich keine Chance, ich werde ihm eine Lektion erteilen und ihn k. o. schlagen? Haßt er nicht nur Botha, sondern alle Gegner? Haßt er gar alle Menschen? Und zwar so sehr, daß ihm immerzu einfach mehr nach Gewalt zumute ist, mehr als nach Sieg und Dollars? Warum diese Morddrohung? Ist das alles nur das obligatorisch häßliche und abstoßende Gewäsch vor dem Kampf, der womöglich noch etwas Reklame nötig hat wegen mangelnder Kartennachfrage? Bringt Tyson, einfältig wie er ist, nur einfach das Tabu der Gewaltanwendung, das in jedem Kampf in jedem Ring zum Ritual stilisiert wird, auf den Nenner?

Du sollst, heißt es, nicht töten. Einverstanden! Ich nehme Mord aber in Kauf. Mehr noch, mir ist ganz danach. Und ich bin gemein genug, vor nichts, nicht einmal davor zurückzuschrecken. Und Tyson lächelt. Kapiert?

Mit Boxen als Sport hat das alles nichts zu tun, nicht mehr. Was Tyson da von sich gegeben hat, ist der Originalton eines Psychopathen, dem auch die Therapie des Faustkampfs nicht mehr weiterhelfen wird, zu Verstand zu kommen. Helfen werden auch die sagenhaften Honorare nicht, die er einstreicht – und weiter einstreichen wird, falls er nicht den naheliegenden Fehler begeht, den Kannibalismus, den er im Kampf gegen Evander Holyfield angedeutet hat, als er dem Stärkeren einen Zipfel seines Ohrläppchens abbiß, noch zu übertrumpfen, indem er sich dieses Mal den Hals und die Halsschlagader vornimmt, ganz der Vampir, als den ihn die Presse bereits vermarktet.

Bei einem normal funktionierenden Gehirn wäre die Äußerung, ich werde töten, schlimmstenfalls das Anzeichen von Größenwahn – bei Tyson ist es Paranoia im Endstadium. Ich habe mit Tyson zuviel Mitleid, als daß ich ihn (selbst als Phänomen) bestaunen könnte. Auch als Sieger blieb er der Verlierer. Der Mann agiert im letzten Akt seiner eigenen handfesten Tragödie.

Für jeden Anflug von Ironie unempfänglich, stammelt da ein Verzweifelter einer geistesgestörten Öffentlichkeit sein letztes Wort in die Mikrophone, kurz und bündig und so ernst gemeint, daß dabei sogar die Phantasie versagt. Und eigentlich geschieht doch nichts anderes, als daß Tyson, ohne es selbst genau zu wissen, weiter nichts tut, als um Erlösung zu betteln. Kein Wunder, daß Tyson auch sonst eine archaische Figur abgibt, ein Gespenst aus dem Fundus unseres Unbewußten, wo sich allerlei Gladiatoren tummeln, so halbnackt wie die Boxer bis heute. Er verzichtet auf alles Nebensächliche: kein seidenbestickter Kampfmantel, keine Socken in den Stiefeln, nicht einmal eine Hymne, die ihn auf dem Weg zum Ring porträtiert. An ihm ist alles kompakt und so einfach wie bei einem Sklaven, der abgerichtet wurde, Sensationen zu vollbringen, das heißt immer die gleiche Sensation eigentlich: jeden so schnell so übel wie möglich zuzurichten, um dann zu sagen, war nett heute abend!

Daß das für Tyson in seiner Karriere nun schon dreimal schiefging, hat ihm nicht viel genommen vom Schrecken, der von ihm ausgeht. Das Eisen glüht noch. Er ist der personifizierte Alptraum, pures Extrakt hochkonzentrierter Bösartigkeit, wattiert in Muskelmasse. Niemand mag sich vorstellen wollen, welches Gemisch dieser Mensch sonst noch darstellt. Obwohl, wie gesagt, die Phantasie versagt, versuche ich sie doch kurz wiederzubeleben. Und sei es nur, diesem einen Gedanken zuliebe. Mit Tyson betritt ein Todgeweihter (im Sinne der Tragödie, um die sich keiner kümmert) den bestrahlten Ring, ein jedem Leben entfremdeter Mensch, der die Stunde seines eigenen endgültigen Untergangs nur dann noch hinauszuzögern imstande ist, wenn er zum Äußersten bereit ist. Und reden so nicht die Tyrannen? Er wird sterben. Es geschehe. Die Menge genießt unterdessen die Unterhaltung. Das heißt: Der Boxring ist endgültig zur gesetzesfreien Zone geworden, erbarmungslos der Schaulust eines ansonsten gelangweilten Publikums dargeboten, das auch dann nur mal eben kurz zu schaudern beliebt, wenn eine arme Seele um sich schlägt.

Ich will mich mit keinem Wort mit jenen Leuten verbrüdern, die das Boxen ablehnen, aus welchen Gründen auch immer. Aber es sieht düster aus, nicht nur um Mike Tyson. Typen vom Schlage eines Don King würden keinesfalls davor zurückschrecken, einen Boxer auch zu klonen. Mit Tyson haben wir einen Vorgeschmack, wie das Produkt dieser Manipulation aussehen könnte.

Alles läßt sich wahrscheinlich irgendwann klonen, nur das eine wohl dann doch nie: die menschliche Seele. Ohne die wird man vielleicht der reichste Mann der Welt – und obendrein auch Boxweltmeister, aber der Mensch, der sie nicht hat, bleibt das Gespenst, vor dem sich zu fürchten nicht nur Sache des jeweiligen Gegners ist, sondern seine eigene. *Winner takes nothing.* Da hatte Hemingway recht.

(1999)

Wladimir Klitschko

Ich war nach Hamburg geflogen, um Wladimir Klitschko zu treffen, bevor der nach Las Vegas fliegt, um dort seinen Titel als WBO-Weltmeister im Schwergewicht zu verteidigen. Er wird kämpfen gegen Charles Shufford, der in keiner der Ranglisten unter den ersten dreißig auftaucht. Anzunehmen also, daß Klitschko seinen Auftrag erfüllen kann, sich im Hollywood des Berufsboxens als kommender Star zu präsentieren.

Der spektakuläre K.-o.-Schläger aus der Ukraine, in Union mit seinem ebenfalls im Schwergewicht boxenden Bruder Vitali, soll frische Luft in die Arena bringen, wo sich ein bißchen der Duft biederer Häuslichkeit breitgemacht hat. Deutsche Weltmeister luden ihre Konkurrenten wohlweislich hierher ein – und setzten sich damit eben doch dem Verdacht aus, ohne garantierten Heimvorteil nicht siegen zu können.

Der Heimvorteil, wir erinnern uns, war ganz auf Wladimirs Seite, als er sich in Kiew seinem Volk zeigte – und gegen einen US-Nobody seine erste, deshalb nahezu unfaßbare K.-o.-Niederlage hinnehmen mußte. Schwer angeschlagen, nahm ihn sein Trainer aus dem Ring. Eine erste Erfahrung amerikanischer Verhältnisse? Wird Wladimir, sobald er wieder hart getroffen wird, daran denken müssen?

Ich bin, was meine Begeisterung für Boxkämpfe angeht, ein unzeitgemäßer Zeitgenosse und ganz in der

Laune, den angesetzten Kampf als Teil des verabredeten Geschäfts abzutun, eine »weiße Hoffnung« zu importieren. Die Elite ist schwarz. Klitschko ist Olympiasieger.

Er sieht blendend aus. Er ist liebenswürdig. Wenn je ein Gentleman deutsch geboxt hat, dann ist er einer. Er kann einen Gegner ausknocken. Er hat das öfter getan, als es einem Publikum, welches das Kämpfen sehen will, recht sein kann. Und er ist im richtigen Alter. Noch lohnen sich Investitionen.

Mehr als einen letzten vorbereitenden Aufbaukampf wird es in Vegas nicht geben. Ein wenig noch einmal die übliche Schmutzarbeit, bevor es dann, wie geplant, gegen die großen Champions geht. »Meine größte Herausforderung ist es jetzt, gegen einen der drei Großen zu boxen. Klar, das sind Lennox Lewis, Evander Holyfield oder eben Mike Tyson. Ich bin bereit.«

Es herrscht Chaos in der Königsklasse, noch mehr nach der Niederlage von Lennox Lewis, dem als stärksten eingestuften Champ. Wer Überraschungen liebt, ist am Ring gut aufgehoben. Aus allen Richtungen fliegen die Fäuste. Es gibt so viele Weltmeister, wie es Boxverbände gibt; im Augenblick sind es vier. Seit Zeus abgedankt hat, trainiert und posiert in jeder Ecke des Olymps ein anderer Champion. Kleine Könige, die alle die alleinige Regentschaft beanspruchen. Keiner ist unschlagbar, wie sich herausgestellt hat. Für Wladimir Klitschko die rechte Zeit, Ordnung zu schaffen. Aber ist er der Mann der Stunde? Ist er, wofür er sich hält: bereit?

Aus heutiger Entfernung wirken die alten Ring-schlachten noch legendärer, ihre Protagonisten wie Extreme, Helden oder Monster. Das Boxkämpfen war zu dieser Zeit jener Ur-Szene noch nah, die den Mythos vom bedingungslosen Duell beglaubigte. Ich habe Mühe, mich mit den aktuellen Verhältnissen ab-zufinden. Hören wir deshalb noch einmal kurz hinein in den Originalton jener Jahre, als die Sieger noch nicht philosophierten. Klar war nur, daß in einem Boxring niemals Platz sein konnte für zwei; auch nicht auf dem Thron des Weltmeisters.

»Ich möchte ihn treffen, beiseite gehen und zuse-hen, wie er leidet«, sagte Joe Frazier.

Rocky Graziano sagte: »Der Kampf geht ums Über-leben. Es ist ein schrecklicher Sport, aber es macht Spaß.«

Einer (mit dem Kampfnamen »The Animal«) be-hauptete: »Wenn der Schmerz kommt, mag ich es noch lieber.« Auch Blut ist ein Spaßfaktor. Nichts stachelt den Vernichtungswillen eines Boxers mehr an. Nicht einmal die Grenze zum Töten wurde respektiert.

»Außer Boxen ist alles so langweilig«, beschwerte sich Tyson, nicht bekannt dafür, Spaß zu verstehen. Oder doch? »Ich will ihm das Nasenbein ins Gehirn treiben«, gab er zu Protokoll, wozu ein Gegner für ihn gut sei. Das ist eindeutig. Wie auch die Bemerkung des großen Champions Marvin Hagler. »Wenn man je meinen kahlen Kopf aufschneidet, wird man darin einen großen Boxhandschuh finden. Das ist alles, was ich bin. Es ist mein Leben.«

Das hat jeden großen Boxer einmal ausgezeichnet, sein Talent, unter allen Umständen durchzuhalten, trotz blutender Wunden, gebrochener Rippen, kaputter Hände. Gewonnene Kämpfe? Einverstanden. Aber wichtiger war die Art, wie sie gewonnen wurden. Der Zuschauer in der Arena erlebte noch die Ahnung, worum es bei diesem Sport, der in der Sklaverei seinen Anfang genommen hatte, einmal gegangen war: das Recht auf Freiheit, die Wiederherstellung der eigenen Würde und die Kiste Gold in der Garderobe.

Heute ist der Boxer eine Aktie, die Firma, die ihn beschäftigt, eine Kapitalgesellschaft, ein Spekulant jeder, der mit am Verhandlungstisch sitzt. Geboxt wird in den Geschäftspausen. Ausgehandelt werden kommende Sieger. Es darf das Mißlingen von Plänen keine Folgen haben. Alle Drahtzieher sind Endverbraucher einer Branche, die sich in einem elektronischen Labyrinth verschanzt hat.

Es gibt zwei maßgebliche Instanzen, die das Geschäft im Schwergewicht fast unter sich aushandeln: die Pay-per-View-Kanäle HBO und Showtime. Nur diese zwei TV-Sender bringen Millionenbörsen. Die einen (HBO) haben Lewis (Ex-Champion der Verbände IBF und WBC) unter Vertrag, die anderen Holyfield und Tyson. Wladimir Klitschko ist bei HBO unter Vertrag. Er ist auch bei seinem Manager Klaus-Peter Kohl unter Vertrag. Und, als Merchandising-Ikone, unter Vertrag bei sich selbst. Inklusive, versteht sich, Bruder Vitali.

Wer das Boxen für das Problem hält, ist von gestern.

Es ist das Geld, das dahintersteckt, das Problem. Damit Geld fließt, müssen Fäuste fliegen. Und da die Welt noch nicht verlernt hat, Helden brauchen zu müssen, hilft Geld bei der Schwierigkeit, aus keinen Helden kleine zu fertigen, aus kleinen – durch mediales Klonen – große. Je weniger wirkliche unbestreitbare Qualität vorhanden ist, desto geschickter die Anpassungsleistung, den Nächstbesten zum Besten zu küren.

Ich schaue mir den Athleten Klitschko in Ruhe an. Nein, ich vergleiche ihn nicht mit Ali. Einen Anhaltspunkt, ihn mit Tyson zu vergleichen, gibt es auch nicht. Ich sehe ihn erst einmal nicht mehr als das Produkt, das er inzwischen ist. Der ganze junge Kerl macht den Eindruck, daß es um ihn schade wäre, ins Fegefeuer großer Schmerzen geworfen zu werden. Ein Satan, wer ihm das Nasenbein ins Gehirn stampfen würde, um so schmerzhafter, als Klitschko eine erstaunliche Menge Gehirn haben muß. Und das nicht in Form eines Boxhandschuhs.

Der Körper ein perfekter Torso (einer aus der Werkstatt eines Bildhauers der Renaissance), sein Kopf die Garantie, auch als Filmschauspieler Karriere machen zu können, die Ehrlichkeit seines Blicks, der Frauen Eintrittskarten lösen läßt (auch fürs Boxen), der Ausdruck kluger Bescheidenheit in den Augen, die ein Vorhandensein von bösem, unerbittlichem Haß ausschließt. Er scheint zu jenem Typus von Boxern zu gehören, die man erst am Tag des Kampfes einigermaßen mühsam scharfmachen muß.

So wenig wie Haß kennt er Hunger. Schon jetzt ist Klitschko ein gemachter Mann, mehrfacher Millionär wohl, ein Fall von finanzieller Frühvollendung. Vielleicht kämpft er um seinen Status als Idol mehr als um seinen Anteil an der Unsterblichkeit. Schwer zu sagen, warum dieser Junge überhaupt diesen Beruf ausübt. Kann es sein, daß es bald Boxer geben wird, die keine mehr sind? Die in nichts mehr dem Boxer gleichen, der den Grund, warum er boxt, eintätowiert trägt: auf der Haut, in der Brenntiefe des Blicks, im Scharren der Füße, in der Glut seines Atems? Hat, wer mit dem Rücken zur Wand steht, explosivere Reserven?

Ich sehe, daß Klitschko einen Job tut. Er tut alles, um ihn gut zu tun. Das ist viel. Er ist bei seinem Trainer und seinem Manager in guten Händen. Das Kleinod ist zu kostbar für weniger als den roten Teppich, und damit ist nicht die Farbe des Blutes gemeint. Liegt es an meiner Unverbesserlichkeit, die mein Adrenalin reguliert, daß ich vorerst nicht anerkennen kann, daß hier in Reichweite der angehende König steht, der neue Zeus?

Er macht seine Arbeit nüchtern – und sieht sie auch so, Träume scheinen ihn nicht groß zu belästigen. Für meine Nostalgie scheint er nicht zuständig. Er bedient nicht mein Bedürfnis nach Geheimnissen. Er strahlt auch den Willen nicht aus, sich an den Abgrund zu begeben, sich durch Schmerzen zu kämpfen mit dem Vergnügen, sie noch vor Ende des Kampfes doppelt und dreifach zurückgezahlt zu haben. Offenbar ist dieser Klitschko ein Preisboxer, dessen Utopien realisiert scheinen, noch bevor die Zeit der Triumphe begonnen hat. Er ist reich, gesellschaftlich anerkannt, sportlich erfolgreich, ein bestaunter Darling des Regenbogens, in seinem Heimatland ein Nationalheld. Er ist, wie der Philosoph Peter Sloterdijk einmal an anderer Stelle schrieb, »von verwirklichten Träumen umzingelt«. Ob sich das rächen muß, wenn er auf die Monster trifft, die Wilden, die Hoffnungslosen?

Mit heidnischen Zutaten handelt Klitschko nicht. Auch verrückt ist er nicht. Er wird seine Zukunft nicht damit zubringen, ein Ex-Boxer zu sein. Aber das Absolute wird er nicht neu definieren. Nur den Versuch wagen, der handelsüblichen Muskelkraft die Kunst seiner Intelligenz entgegenzusetzen.

Er sitzt mir am Abend beim Essen gegenüber. Worüber wir sprachen? Zuerst erzählt er mir die Geschichte mit der Flasche Coca-Cola, die ihm sein Bruder Vitali, damals amtierender Kickbox-Weltmeister, aus Amerika mitgebracht hatte. Aber die Coca-Cola interessierte ihn nur im Zusammenhang mit der Phantasie, die die Lektüre von ›Robinson Crusoe‹ bei ihm ausgelöst hatte. Wie sah die Welt aus, die Robinson bewohnte? Wie roch sie? Ihm fällt ein, daß in der Flasche – genau im Zwischenraum zwischen Flüssigkeit und Kronkorken – amerikanische Luft war; schließlich war sie dort abgefüllt worden. »Und die«, sagt Klitschko, »habe ich eingeatmet. Ich habe die Luft geatmet, die auch Robinson Crusoe atmete. Es war, als sei ich für einen Atemzug Gast gewesen in der Welt, für die meine Träume sich interessierten.«

Gleich nach dieser schönen kleinen Erzählung kommt eine zweite zartfühlende Überraschung. Er habe nach dem Training, sagt er, etwas Zeit gehabt. Zeit genug, um, wie er das manchmal eben tue, ein Gedicht zu schreiben. Es gefalle ihm, Gedichte für sich aufzuschreiben.

Mir gefiel es, ihn zu bitten, das Gedicht vorzulesen. Natürlich war das Poem in russischer Sprache geschrieben, der Sprache Puschkins und Nabokovs. Kein Wort, das ich verstand. Kein Grund, nicht trotzdem fasziniert zu sein. Gerne würde ich in seiner Sprache mit ihm reden, einfach um seinen Gedanken näher sein zu können – und aus dem Vergnügen, sie durchschauen zu können.

Ganz klar, das sah ich, kann ihm nicht geworden sein, weshalb ich nach Hamburg gekommen war. Schließlich war ich es, der ihn darauf aufmerksam machte, daß er eigentlich lange schon im Bett liegen müsse, denn morgen früh um acht Uhr beginne für ihn ja wieder die Arbeit des Berufsboxers.

Er fuhr mich zu meinem Hotel. Er sprach am Handy. Russisch. Ich hörte gern zu, weil mich vor allem die Musik der Wörter interessierte. Gleichzeitig fiel mir ein, was die amerikanische Schriftstellerin Joyce Carol Oates geschrieben hat. »Liebe, mit Haß vermischt, ist stärker als Liebe oder als Haß allein.« Das Boxen doch nur ein Cocktail bösartigen Wahnsinns?

Meine Freunde halten Klitschko nicht für den kommenden Mann. Halten aber Klaus-Peter Kohl, der ihn »besitzt«, trotzdem für einen Glückspilz. In jedem Fall ist eine Begabung an Klitschko unbestreitbar: Er wird sich und seine Entourage wohlhabend machen. Erfüllt Klitschko nur halbwegs die Erwartungen, kommen Zahltage.

Es ist sein Auftritt in Las Vegas nur ein zweiter Anfang. In welcher Frequenz können die Fortsetzungen folgen? Warum die Zweifel der Freunde? Er bewegt sich nicht im Rhythmus eines Profiboxers? Er hat noch nie Gegner geboxt, die mit Gegenwehr vertraut genug sind, um hart zurückzuschlagen? Wer immer ihn in Rußland vermessen hat, dachte an einen Olympiasieger im Boxen, an einen Amateur also. Niemand kam damals in den Sinn, einen Profi-Weltmeister reifen zu sehen. Es kostet nicht eine Medaille, sondern das Leben. Es ist keine Übertreibung, das Boxen in der Nähe der Tragödien anzusiedeln. Aber ist Klitschko dieser Herausforderung gewachsen? Will er sie überhaupt anerkennen?

Es gäbe für ihn auch gar keinen Grund, den Status, den er schon jetzt erreicht hat, für einen Ruhm aufs Spiel zu setzen, an dem ihm, wie ich spürte, nicht allzuviel liegt. Und außerdem: Er ist ja bereits Weltmeister. Und immerhin geben auch die Zweifelnden zu, daß Klitschko, weiß und jung und stark, wie er ist, Besitzer eines sogenannten clean shot ist, eines Schlags, der auch einem Lewis oder Tyson die Beine wegreißt. Wenn er trifft, trifft er, sagen sie. Ja, Freunde, das leuchtet ein.

Hoffen wir nur, wir erleben die Kämpfe noch, auf die wir warten. Warum nicht gleichzeitig hoffen, Klitschko behält auch unter dem Hagel der Fäuste seiner besseren Angreifer genug Übersicht, den Knockout-Punch am Kinn zu plazieren? Daß einer keine Gedichte schreibt, macht ihn nicht unverwundbar.

Klitschko schaut sich, wie er mir versicherte, ungern Boxkämpfe an. Eigentlich nie. Auch die legendären Kämpfe nicht, die aus der goldenen Ära. Nein, auch Vorbilder habe er keine. Die Videos seiner Gegner, die studiere er natürlich, aber auch nur gezwungenermaßen. Nein, für das Boxen an sich habe er ein eher bescheidenes Interesse. Ihn interessiere das eigene Leben, auch wenn es im Augenblick von seiner Tätigkeit des Berufsboxens beherrscht sei. Aber das werde sich ändern, ganz gewiß. Las Vegas wartet, aber es wartet auch ein Leben nach allen Kämpfen.

Was bleibt mir übrig, als ihm zu glauben? Meinen anderen Glauben, den an Kämpfe, die dauern, nehme ich mit nach Hause.

(2001)

Ali zum 60. Geburtstag

Die Männer mit den nußgroßen Diamanten auf der Krawattennadel und den italienischen Berufen, die kleinen Wettkönige, die großen Experten und all die anderen hatten sich den Abend anders vorgestellt, ganz anders. Nicht das Raubtier hatte sein Opfer erlegt, es war selbst vernascht worden. Und von wem? Wer war dieser Angeber, dieses Großmaul? War was mit dem Ringrichter? Was war überhaupt los? Hatte Gott denn vollends den Verstand verloren? War das noch Boxen, wenn ein Boxer nicht richtig kämpfte? Wenn er es nicht so tat, als trete er mit jedem Schritt ein Feuer aus? Als teile er mit jedem Schlag einen Mann in zwei Hälften?

Sonny »The Man« Liston, Angestellter der Mafia, war gerade als Boxweltmeister im Schwergewicht entthront worden, gedemütigt, und das undisputed, wie man sagt, also eindrucksvoll. Von der Kampfmaschine waren die Brösel übriggeblieben. Keines seiner Manöver war hilfreich. Alle Kraft hatte sich in Luft aufgelöst, und die trug an diesem Abend in der Convention Hall in Miami Beach Trauer.

Der neue Champion war, ja was? Ein Kind? Bestenfalls ein Halbschwergewicht, einer, der das Boxen nicht wie ein Mann handhabe, sondern tanzte, redete, Faxen machte, eine Art Spaßmacher bestenfalls. Der Quatschkopf beliebte, hin und wieder auch kleine, komische Gedichte von sich zu geben. Sein Name: Cassius Clay, der sich dann bald Muhammad Ali nennen würde. Bereits damals aber hat er seinem Publikum, das sehr rasch die gesamte Weltbevölkerung sein würde, die Schlußfolgerung aufgezwungen, ihn zu respektieren. Und zu glauben, was er ihm auftischte. Im Ring – aber noch lieber vor Mikrophonen. Kleine Kostprobe gefällig? Eines seiner zahlreichen Gedichte? Zum Beispiel eines, das er, noch bevor es erdacht war, am besagten Kampfabend in Miami zur Realität erweckte?

Guter Mann, wenn ich dir sage,
daß eine Fliege einen Pflug ziehen kann,
frag mich nicht wie –
spanne sie an.

Selbstvertrauen pur. Und runter damit. Bitten wir noch einen Philosophen in die Ringecke (wenn die dort nicht ohnehin alle welche waren). »Der Geniale ist Gastgeber einer durchtönenden Kraft und kann Außerordentliches von sich geben.« Tatsächlich war schon Cassius Clay von anderem Geist als alle seine toten oder noch aktiven Berufskollegen. Aber wie ihn auf die Erde, am besten vor die Fäuste holen und k. o. schlagen? Er mußte verletzbar, berechenbar, vielleicht besiegbar bleiben, und so weigerten sie sich erst einmal, ihn bei seinem neuen, seinem Geisternamen zu nennen. Wie heiße ich? Das war damals seine erste Frage an jeden, der antrat. Sag schon! Sag es. Er bleute es dem Gegner dann eigenhändig, mit jedem der schnellen Jabs, ein ins Gedächtnis. Drei, vier, fünf Schläge, einen für jede Silbe. Mu-ham-mad-A-li.

Das waren – Chuvalo, Bonavena, Wepner und Konsorten – alles hartgesottene Burschen, und sie antworteten und nannten ihn, noch frisch bei Kräften, drei, vier Runden lang Clay, immer wieder Clay, Cassius Clay. Aber dann hatten sie andere Sorgen. Und gaben auf. Der Kerl war nicht nur zu schnell, zu gut, zu schlau, vor allem hatte er sie nicht alle, was ihrem Gefühl nach das Gefährlichste war.

Bald nannten ihn alle nur noch Ali, und dabei blieb es bis heute, dem Tag seines 60. Geburtstags.

Wie jeder, der ihn erlebt hat, verbeuge ich mich vor dem kranken Mann, der er seit langem ist. Ein Schock, ihn zu sehen, eine Einschüchterung, wie anwesend er trotzdem ist, sobald er sich zeigt. Mehr noch als immer schon wirkt er wie ein Visionär, weil er die Rolle, den Idealisten spielen zu müssen, aufgegeben hat. Den Clown spielt er gern, auch jetzt noch, überläßt das Spaßmachen aber seinen Augen, mit denen er die Menschen unterhält, die ihm betroffen, viele fast weinend zujubeln.

Ali nimmt, was Allahs Wille ist, offenbar gelassen. Geduldig erduldet er, was ein Größerer als er, der sich selbst lange genug ›Der Größte‹ nannte, ihm bestimmt hat. Und die Menschen staunen, wie sie es gewohnt waren, nun vollends darüber, wie leicht dieser Leidende zu verstehen scheint, was die Lektion eines Menschenschicksals sein kann und wie sie (in der Gewißheit ihres Sinns) angenommen werden muß. So ist das Außergewöhnliche bestätigt: Sein Gesicht ist so intakt geblieben wie das Geheimnis seines Genies. Die schönsten Worte der begabtesten Autoren werden das Zentrum seiner Seele nicht treffen.

Als ob er die Welt nicht länger langweilen wollte mit seinem Ruhm, suchte er sich den härtesten, den gemeinsten Gegner: eine unheilbare Krankheit. Zu besiegen ist da nichts, aber sich ihr würdig zu erweisen, das ist jetzt die Arbeit, die er sich abverlangt.

Fehlte ihm schon als Boxer das Element des Schreckens, so hat er sich im Charisma eines Gläubigen allerdings schon zu einem Zeitpunkt geübt, als er noch, ganz Cassius Clay und von athletischer Schönheit, mit Vorliebe den Urenkel aus Afrika importierter Sklaven zum besten gab. Die Show lag ihm, und nicht einmal er selbst schien zuweilen zu wissen, wie ernst sie dann wurde. Gut, er boxte das hohe Es der Callas, und das in Gestalt eines schwarzglänzenden Apolls. Er boxte, als könne er sich im Regen bewegen, ohne naß zu werden. Selbst die hartgesottensten Talkmaster gingen in Deckung und verschluckten sich fast in seiner Anwesenheit. Er machte Komiker lächerlich, Kinder glücklich und Politiker zu Träumenden. In den Städten gingen nachts die Lichter an, ganze Familien pilgerten vor den Fernseher, der nach Programmschluß noch das Testbild zeigte. Selbst Hausfrauen und Großmütter warteten auf die Schaltung nach Las Vegas oder Manila oder New York. Plötzlich Leben, Farbe, Tiefstrahler über einer Boxarena – und irgendwann endlich der Auftritt eines Phänomens, Ali eben. Sein Körper schien geprüft, auf Belastbarkeit getestet, bereit, ihn auf eine Weise aufs Spiel zu setzen, die alle Sinne erweckte.

Seit seinem Debüt war er eine Sensation, das Debüt selbst war ja eine. Die Menschen waren, ob sie wollten oder nicht, mitgenommen, sprachlos, fasziniert. Kein Schlaf war mehr heilig, wenn dieser Athlet sich aufmachte, die Kunst seines Sports zu zelebrieren. Ein Risiko war es nur, in den Augen seiner Entourage, gegen Gegner anzutreten, die ihm, unbeeindruckt von jedem Zauber, Prügel androhten. Mit was sonst sollten sie ihm drohen?

Joe Frazier war so einer, und das dreimal; beim ersten Duell allerdings erwischte es Ali, er ging, mehr überrascht als angeschlagen, zu Boden, stand auf – hatte den Kampf aber verloren. Wie den gegen Ken Norton, der ihm den Kiefer brach. Der junge George Foreman, der in der Nacht in Kinshasa genug austeilte, um dem Liebling der Götter mehr als nur die Kostprobe einer Katastrophe zu servieren, wollte ihn auslöschen. Ich denke: Wenn man es nur hätte messen können, wie atemstill die Erde damals war, als Ali an den Seilen stand, die Schläge verdaute und die Kraft noch aufbrachte, den Schlächter zu verhöhnen. Nur allein er schien unbeeindruckt, und genau diese Taktik entmachtete am Ende den Mann, der ihm Schmerzen zufügte. *They never come back?* Ali war zurückgekommen, war wieder Weltmeister aller Klassen, aber noch immer eine Provokation.

Zu Zeiten, zu denen des Vietnamkriegs beispielsweise, ging er das, auch in seinen Augen, sehr viel radikalere Risiko ein, von der Mehrheit der Weißen beseitigt, also ermordet zu werden. Er war ja auf seine Art auch einer der most wanted men dieser Jahre. Und es hatte ja alles auch nichts geholfen, das Land und die Märkte anderer Länder nach einem Schwergewichtler abzusuchen, der mit diesem Mistkerl von einem Moslem, der sich am liebsten kämmte, dabei posierte und wie ein Wasserfall redete (auch über Weltpolitik) und die Klappe überhaupt nur hielt, wenn er betete – und das, guter Gott, auch noch zu Allah, dem Allmächtigen –, im Namen der Patrioten abrechnen könnte.

Es gibt eben immer wieder (wie ja jüngst wieder) historische Augenblicke, wo alle Amerikaner weiter nichts sein wollen als waschechte Texaner.

Noch etwas, worüber die Drahtzieher im Boxgeschäft nicht mit sich spaßen lassen. Mit dem Champion im Schwergewicht (es gab damals nur den einen, den einzigen und wahren Weltmeister) stand ja nicht nur der lukrativste Teil der Unterhaltungsbranche auf der Kippe, also enorm explodierende Gewinnspannen, sondern das Selbstbewußtsein einer Nation inklusive ihrer Mythen. Man wäre, wenn eine gute alte weiße Hoffnung nicht mehr aufzutreiben war (allein das schon eine Schande!), ausnahmsweise mit einer schwarzen zufrieden gewesen.

Die Verlierer tröstete, daß Ali sie reich machte. Die Patrioten entzogen ihm (zeitweilig wenigstens) die Lizenz, auch ein Trost. Schluß mit Gedichten, wenn das hilft. In den Mietwohnungen blieb es dunkel. Es hatte sich ja auch niemand fürs Boxen interessiert.

(2002)

White Collar Boxing

Lege dir jeden Tag für deine Sorgen eine halbe Stunde zurück, riet ein chinesischer Weisheitslehrer seinen Zeitgenossen und der Nachwelt, und in dieser Zeit mache ein Schläfchen.

Klingt gut! Ein Nickerchen! Das klassische Allheilmittel! Die Leute wurden damit bekanntlich früher steinalt. Wie das um Gottes willen aber schaffen bei der Beschaffenheit von Sorgen, deren Qualität in einer Welt organisierter Gleichzeitigkeit und virtueller Mobilität inzwischen selbst besorgniserregend ist? Wen hält nicht allein schon der Gedanke wach, daß es welche gibt (und es gibt sie!), die, während du schläfst, hellwach weiter an ihrer Karriere basteln, und das nicht ausgeschlafen, sondern austrainiert?

Nein, nicht ein Schläfchen machen wir, sondern das genaue Gegenteil. Wir packen die Sporttasche, verstauen die nagelneuen Boxhandschuhe, die gebügelten Bandagen, das Everlast-T-Shirt (das von der Segelregatta vor den Bahamas heben wir uns für den Tennisplatz oder das Joggen auf) und pilgern, nein, nicht einfach in eines der üblichen Fitneßstudios, sondern neuerdings in sogenannte Fight Clubs – der bekannteste in London nennt sich unmißverständlich sogar The Real Fight Club, und das, was dort stattfindet, nennt sich White Collar Boxing, womit nicht die Hautfarbe der Kombattanten, sondern wohl das Blütenweiß ihrer maßgeschneiderten Hemdkragen oder Manschetten gemeint ist – und geben uns, von uns selbst fanatisiert, Saures. Und wie! Manager, Ärzte, Rechtsanwälte, Banker, die altgedienten Profis der Wirtschaft wie die neuen, die Informatiker und Red-Bull-Rambos riskieren Kopf und Kragen, je nach Geldbeutel sekundiert von einem Trainer oder eben auf eigene Faust. Aber warum? Und warum ausgerechnet Boxen?

Es ist offenbar was dran an der Behauptung, daß auf Dauer eine Welt, »in der der Unterschied zwischen Siegern und Verlierern wieder mit antiker Härte und vorchristlicher Unbarmherzigkeit an den Tag tritt«, dem Menschen, der sie bewohnt, nicht gut bekommt. Was dazu führt, daß wir siegen lernen – und trainieren wollen, wie man das anstellt. Wieder spielerisch sozusagen, Mann gegen Mann, nach Regeln. Wer sich entschlossen hat, gut sichtbar (und im Vorwärtsgang) die Fäuste zu benutzen, der boxt nicht nur, sondern läßt einer Vielzahl von Wünschen freien Lauf.

Allmorgendlich genußvoll lediglich ein paar Runden im eigenen Pool schwimmen, wie soll das als Training ausreichen angesichts rapide steigender Aggressionskapazitäten, mit denen wir ausgestattet sein müssen, um konkurrenzfähig zu bleiben? Und wie nach Gebrauch dieser Kapazitäten sich wieder beruhigen, die glühenden Nerven abkühlen, sich abreagieren? Wie vom Kopf heimfinden in den Körper? Masturbation? Eine Nummer in einem Stundenhotel oder Bordell? Oder Yoga? Haben Sie schon mal einen Anzug-und-Krawatte-Mann mittags im Kopfstand in einem Stadtpark entdeckt? Warum zur Entspannung ein Buch lesen, einen Roman etwa, wenn andere das auch nicht tun?

Das Gedächtnis der Menschheit beginnt mit dem Zweikampf, dem Duell eines philosophischen Disputs – oder dem Wettstreit zweier Athleten. Standen die sich, während die Welt in Schweigen lag, in einem in den attischen Sand gezeichneten Kreis gegenüber, galt die Formel: du oder ich! Am Ende liegt einer – und einer triumphiert. Das ist es, was es auszuhandeln gilt, bis heute. Boxen ist, so der Philosoph Peter Sloterdijk, »die fortwährende Ermittlung des Unterschieds zwischen Liegen und Stehen«. Freilich, werden Sie einwenden, kann man Kämpfe schmieren, Kinnhaken kaufen etc., aber warum sollten Leute das wollen, die sich doch auch, wie ich annehme, nach einem Gefühl sehnen, das sie weitgehend der Rücksichtslosigkeit im Kampf um die Profite geopfert haben, der Sehnsucht nach einem Rest Anständigkeit in ihnen, nach etwas Grundehrlichem, der Fairneß einer offenen Argumentation.

Also auf in den Kampf um Gegenwehr, um Kraft, Ausdauer, Kondition. Nur die Härtesten kommen durch? Also stemmen sie Hanteln, springen Seil (eine Kunst im übrigen, wenn Sie je einmal ein Foto von Panama Al Brown, der es in Pariser Nachtclubs vorführte in den dreißiger Jahren, gesehen oder Muhammad Ali erlebt haben) und fordern ihrem Körper jene Belastungen ab, die ihnen ein Achtzehnstunden-Arbeitstag (und ein auch nicht gerade wollenes Privatleben) abverlangt; und das, versteht sich, gebührend gnadenlos.

So schwitzen sie Sturzbäche aus an Schweiß und hören damit nicht eher auf, als bis sie sich müde und deshalb friedlich genug fühlen für ein Lächeln.

Klingt es nicht unwiderstehlich? Auch der anfangs Angewiderte oder nur Skeptische spürt, kaum daß er den Angreifer erkennt und zur Selbstverteidigung die Fäuste benutzt, wieder das Blut durch die Adern fließen, spürt den Kopf frei werden, sein Herz schlagen. Und genießt nach dem Gong zum Ende der letzten Runde (falls er sie stehend übersteht) die Wonnen der Entspannung, auch darüber, daß sich das Kompliziertgewordene vereinfachen läßt. Vielleicht übertreibt er, aber er tat es offenbar gutwillig.

Die wiedergewonnene Ruhe als Glücksgefühl, Abschied von überhöhten Geschwindigkeiten, denen der Gedanken vor allem. Das Langsame hat sein Recht, seine Autorität zurückerobert. Mit den Konfusionen ist erst einmal Schluß. Wer die Boxhandschuhe abstreift, hat einen Selbstversuch hinter sich – und seine Sehnsucht gestillt nach einem überschaubaren Konflikt (was für ein Geschenk im Tohuwabohu eines Privat- und Berufslebens) und sich hoffentlich ein wenig verändert dabei. In der nach Regeln geführten sportlichen Auseinandersetzung Mann gegen Mann ist die Medizin versteckt, die auch Edelegoisten hilft.

Das Experiment, sich mal mehr Bewegung zu gönnen als nötig ist, um die Hände von Geschäftspartnern zu schütteln, geht schnell auf. Der Trend setzt auf antrainierte Selbstheilung. Am Ende trinken, die es nach Erfolg dürstet, aus der Quelle der Selbstbefreiung.

Neuerdings also wird, wie ich höre, geboxt. Ich kann zu dem Einfall nur gratulieren. Es gibt kein besseres, kein umfassenderes Training, sich fit zu halten. Und doch hat es lange gedauert, den Faustkampf vom Verdacht zu befreien, er sei ungesund, brutal, menschenunwürdig. Es ist deshalb klug, all diese Unterstellungen zu ignorieren, das, was Boxen sein kann, der Kontrolle der Vorurteile zu entziehen und nicht länger moralisch sich zu entrüsten. Reduziert auf Semikontakte ist dieser Sport das Beste, was ein Mensch für die Flexibilität seiner Muskeln, sein Reaktionsvermögen und die Koordination seiner Bewegungen tun kann. Und lehrreich ist *dieses* Training auch insofern, als Fehler umgehend bestraft werden. Es sind ja im Training nicht zwei Gegner, die sich bekämpfen, sondern zwei, die sich in einer Art Unterhaltung miteinander befinden, die spielen, dabei allerdings auf dem Recht bestehen, der Schnellere, Geschicktere, Beweglichere sein zu wollen. Einen gepolsterten Fünfzehn-Unzen-Boxhandschuh an den Kopf zu bekommen, ist dann eine Geste, die versöhnt. Wir befinden uns als Lernende der Boxkunst ja nicht in höchster Gefahr. Und sind, historisch gesehen, ja ohnehin nur die Nachhut.

Die Herrschaften des englischen Adels, wenigstens die Exzentriker unter ihnen, haben immer schon geboxt, denn dieser Sport galt ihnen, völlig zu Recht, als die schnellfüßigste Verkörperung menschlicher Intelligenz, und der zweite Mann im Ring war so höflich, nie in Reichweite eines Schlags aufzutauchen. Alles war eine Frage der Distanz – und Eleganz. So haben wir (wie lange ist das her!) die Kämpfe Muhammad Alis ja auch immer als theatralische Übungen und seine Kunst als Tanz beklatscht.

Es boxten auch die Dichter, Lord Byron zum Beispiel oder Ezra Pound. Und später droschen Romanciers wie Jack London, Georges Simenon oder Hemingway auf ihre Sandsäcke ein. Das tat, man glaubt es kaum, mit Hingabe sogar ein Vladimir Nabokov, der sich ansonsten auch noch als Fußballtorwart und Tenniscrack austobte (und damit sich und seine Familie durchbrachte, damals in seiner Berliner Zeit). Der Trompeter Miles Davis war reich, berühmt und kaputt. Und wollte vom Kokain runter und trainierte sich wie ein Boxer zurück ins Leben.

Um ihre Gesundheit (oder auch nur ihren Status angesichts der aus Amerika anrückenden Konkurrenz der neuen, jüngeren Schriftstellergeneration) besorgt, engagierte sich Gertrude Stein einen Boxer als Trainer. Seit ich das las, frage ich mich: Haben wir nicht hier endlich die Erklärung, wie ihr ein Satz wie »Eine Rose ist eine Rose ist eine Rose« einfallen konnte, ein Satz, der ihr allein schon die Unsterblichkeit garantiert hätte? Ich nehme mal an, sie ist nach drei gezielten Treffern humorvoll k. o. gegangen, was dann den Einfall mit der Rose zur Folge hatte. Sie hätte auch einfach nur yes! yes! yes! rufen können, aber sie war halt durch und durch eine Intellektuelle.

Andererseits war Boxen, als Beruf, immer der Sport der Ausgestoßenen gewesen, der underdogs. Ihr Mut und ihr Blut machten den Boxer für Künstler, machten ihn für ein intelligentes Publikum insgesamt faszinierend. Wo nahm ein Mensch die Fähigkeit her, »Schläge hinnehmen können, stehn …«, wie Gottfried Benn die Eigenschaft der größten Puncher in einem Gedicht rühmte? Das muß man nicht groß übersetzen. Nicht in die Knie gehen, nie sich geschlagen geben, sondern zurückschlagen, sich wehren, am Ende der Stärkere sein. Wie im Boxring, so auf Erden! Im mörderischen Existenzkampf um Märkte, Profite und Quoten gehören diese Parolen zum Gebet jedes von Überarbeitung heimgesuchten Überlebenskünstlers unserer Tage.

Die Anzeige einer Automobilfirma, die ich neulich las, warb für eine neue Limousine mit der Aufforderung, sie zu testen: Steigen Sie ein und drehen Sie ein paar Runden! Denn: »Wer will einen Menschen beurteilen, ohne mit ihm zu sprechen?« Mit ihm sprechen? Nein, nein, nutzen Sie lieber jetzt die gebotene bessere Strategie, etwas über einen Menschen (und mehr noch über sich selbst) zu erfahren, und fordern Sie ihn zu ein paar Runden im Ring heraus, zu einem Boxkampf. Ihre Blicke werden sich treffen, nah und nackt. Sie werden seinen Atem hören, nicht Sätze, die er sagt. Sie werden ihm im Clinch näher sein, als Ihnen lieb ist. Und auch das werden Sie zu spüren bekommen: wie hinderlich Haß ist, wenn Sie kämpfen, wie schmerzhaft ein Schlag ins Leere, wie nutzlos Überheblichkeiten der üblichen Art und wie es am Ende vielleicht nur noch darum geht, jener Mann zu werden, den das Kind, das Sie waren, in den Geschichten, die es liebte, bewundert hatte, den Ihrem eigenen Nachwuchs gegenüber darzustellen, Sie nie müde genug sind.

Bringen Sie es hinter sich! Genießen Sie Ihre ersehnte Verwandlung! Sündigen Sie ihrem besseren Selbst zuliebe: schlagen Sie zu – und erleben Sie, wie Sie bald mehr mit sich zu kämpfen haben als mit Ihrem Gegenüber, was Sie, bescheiden geworden, veranlassen könnte nachzudenken. Wie kämpfen mit verbrauchten Ressourcen an Ausdauer, Konzentration, Zielsicherheit? Aufgeben? Zeit für ein Nickerchen? Sie wären jetzt wie geschaffen für Schlaf, müde wie Sie sind, müde wie ein Hund, zu müde jedenfalls für Selbstdarstellungen.

Die Idiotie der Anmaßung hat, zumal in kurzen Hosen, ein Ende, auch der, die Sie bisher überhaupt diesem Sport gegenüber gehabt haben mögen. Denn auch (oder gerade!) im Boxring gilt das Kriterium der Vernünftigkeit, und was Sie tun, beruht auf den vernünftigsten Funktionsweisen unseres Gehirns. Ich garantiere Ihnen Erkenntnisse, die ein blaues Auge, Nasenbluten und andere Kleinigkeiten mehr als wert sind.

(2004)

Zum Tode Max Schmelings

Wer war Max Schmeling?
Jeder Taxifahrer in New York kann Ihnen diese Frage beantworten, noch heute. Schmeling? Das war der Mann, der am 19. Juni 1936 Joe Louis ausgeknockt hat. Es hat alles gestimmt in dieser Nacht seines Lebens, alles gelang, und alle sahen es. Ein Augenblick für die Ewigkeit. Die Schwerarbeit, damit ein Leben lang fertig werden zu müssen, ist bekanntlich nichts für Sieger. Anders Schmeling, der das alles heil überstand. »Wer spricht von Siegen?«, schrieb Rilke. »Überstehn ist alles.«

War er ein deutscher Held?
In einem positiven Sinn, wenn es den noch gäbe, könnte er es sein. Aber nein, nicht ihm das auch noch andrehen! Auch wenn es Fotos gibt, die ihn in übler Gesellschaft zeigen, mit deutschen Menschenvernichtern und Heldenzüchtern.

War er nicht viel zu anständig für einen wirklich interessanten Boxer?
Da ist was dran. Es war ja, mehr als alles andere, seine Anständigkeit, die ihn berühmt bleiben ließ. Der faire Sportsmann, heute eine Antiquität.

Kann es einen wie Schmeling noch einmal geben?
Natürlich nicht! Und das nicht, weil seitdem keiner besser geboxt hätte. Es gab zu seiner aktiven Zeit schon Bessere. Aber sie waren nicht erwählt. Schmeling war es. Nehmt den Geringsten, heißt es in der Bibel.

Was war Ihr erstes, welches Ihr größtes Schmeling-Erlebnis?
Den ersten Kampf gegen Joe Louis als flimmerndes Etwas auf dem Bildschirm gesehen zu haben, dank technischen Fortschritts dann in Zeitlupe den entscheidenden Schlag. Alle Achtung: zwölf Runden abzuwarten, auf die eine Chance warten zu können und sie im Bruchteil einer Sekunde zu nutzen, und das mit einer Präzision, die keinem vom Kämpfen erschöpften Menschen mehr abzuverlangen wäre. Mehr Erlebnis hat der Boxsport nicht zu bieten.

Haben Sie von einem Boxer gehört, der die Dichter so liebte wie die Dichter die Boxer?
Nein, so verrückt sind Boxer nicht, daß sie diese Klugscheißer ernst nehmen; einfach auch deshalb, weil sie zuviel reden. Ich kenne keinen, der nicht ein wenig wenigstens den Kopf schüttelt über das Interesse der Dichter an ihnen. Andererseits: Von Gene Tunney ist bekannt, daß er Shakespeare las. Von Ali, daß er selbst einer war. Norbert Grupe liebte Erich Kästner und Wilhelm Busch, deren Gedichte er auswendig konnte. Von Wladimir Klitschko weiß ich, daß er die russischen Dichter verehrt. Und wenn Dylan Thomas in Manhat-

tan in Jack Dempseys Bar aufgetaucht wäre, hätte die Sache vielleicht Hemingway in den falschen Hals gekriegt, aber nicht der Boxweltmeister.

(2005)

Warum sich Schriftsteller, fragen Sie,
für den Boxkampf interessieren?

Erklärung eins: harte Jungs in einer korrupten und bösen Welt. Genau, was Schriftsteller in der Regel zu sein lediglich vorgeben.

Erklärung zwei: alles spricht für Geschichten ohne happy end, und wann hätte die Geschichte eines Boxers je eines gehabt?

Noch eine Erklärung gefällig?

Die Moderne hat einen neuen Typus des Helden erfunden, den Verlierer – und der ist nirgendwo greller ausgeleuchtet und wie mit Händen zu greifen als unter Boxern, diesen Stürzenden, diesen durch Schläge, die sie bluten lassen, Erniedrigten, den Ausgezählten – die, die sich zum Tier machen, »um sich von dem Schmerz zu befreien, ein Mensch zu sein.« (Samuel Johnson).

Boxen ist das übliche schmutzige Geschäft in einer Welt, die nicht den geringsten Wert auf Reputation legt, einerseits, zugleich aber ist dieser Sport als Schauspiel explodierender Energieentladung und Bühne szenischer Aktionen von unüberbietbar hohem symbolischen Wert, wobei der Kampf sowohl das Reale ist als auch – als Theater, besser: als Tanz des Todes – dessen mythologische Überhöhung. und der geschundene. taumelnde, blutende Boxer an den vergessenen Menschenkörper erinnert, dessen Double in jedem Schulzimmer, jedem Herrgottswinkel und an Wegkreuzungen am Kreuz hängt; auch er scheint über das Ende seines Lebens hinaus auf eine Nachricht zu warten, die ihn erlöst.

P. S. Es könnten Wladimir und Estragon, die auf Godot warten, Ex-Boxer sein. Sie sind anwesend, aber nicht da.

Verbeugung vor dem Krummen
Über den Boxer Hans Orsolics

Das kleine Land Österreich kann, wie die Welt weiß, eines besonders gut: seine Vergangenheit hochleben lassen, musikalisch untermalt vom Dreiviertel-Takt. So rächt es sich dafür, als Weltreich untergegangen und auf weniger als Normalgröße geschrumpft zu sein. Eine Tatsache, die der Wiener (falls er nicht doch inzwischen ausgestorben ist?) bis heute entweder ignoriert oder, und mehr nicht, als eine »der katastrophalsten Humorlosigkeiten der Weltgeschichte« empfindet.

Soviel als Vorbemerkung zu einer ganz anderen Geschichte, von der hier die Rede sein soll und die doch ein Fachwissen von Katastrophen voraussetzt, wie es nur eine Nation haben kann, die dank ihrer großen Dichter einfach mehr als andere über die Traurigkeit der Seele und das Leben am Abgrund weiß, ein Leben, das man hierzulande gewohnheitsgemäß gern als Zumutung ansieht, als etwas Lästiges, Unangenehmes. Man möcht' sich am liebsten umbringen aus Mitleid mit allem, aber vorher doch erst noch auf ein Achterl Wein gehen, ein wenig raunzen, ein wenig noch die Gleichgültigkeit genießen, die der echte Wiener selbst den Freuden des Glücklichseins gegenüber empfindet.

Diese Stimmung vorausgesetzt, eilen wir ins Zentrum der Gegenwart. Und zum Anlaß dieses Artikels. Dem sechzigsten Geburtstag eines ihrer unvergeßlichsten und noch immer populärsten Sporthelden. Nein, nicht dem eines strahlend erfolgreichen Formel-1-Champions oder eines ihrer chronisch vergoldeten und pumperlg'sunden Haudegen von der Skipiste, sondern um den Sonderfall eines Boxers. Eines Sonderfalls in jeder Hinsicht.

Der Jubilar heißt Hans Orsolics – und jedes Kind in Österreich (und jeder Pensionist sowieso) weiß, um wen es sich handelt: um den Hansi (was sich an Kampfabenden geschrien, so liest: »Hanseeeeee!!«), um den Liebling und dann, wegen seiner Alkoholsucht, das Sorgenkind der Nation. Um den einfachen, sympathischen Jungen aus dem Volk, einen, der aus dem Nichts auftauchte und für Sensationen gut war! Um den, auf dem Höhepunkt seiner kurzen Karriere als Berufsboxer, von Arbeitern und Hofräten, Burgschauspielern und Politikern, besonders lautstark natürlich auch von seinen Saufkumpanen aus den Vorstädten umjubelten zweimaligen Ex-Europameister im Superleichtgewicht bzw. im Weltergewicht.

Wenn Sie nun sagen: na ja, nur Europameister, was ist das schon groß, will ich Ihnen die sechziger und frühen siebziger Jahre des vergangenen Jahrhunderts ins Gedächtnis rufen, als der Titel eines Europameisters noch etwas galt, und zwar sehr viel galt, wahrscheinlich sogar mehr galt als heutzutage ein Weltmeistertitel, den zu erkämpfen mittlerweile an jedem zweiten Kampfabend auch in Deutschland möglich geworden ist. Unüberschaubar die Box-Verbände, die eigene Gürtel anbieten, undurchsichtig die Politik hinter den Kulissen, in den Katakomben der großen Box-Arenen, wo sich die Profiteure tummeln, Ranglisten fälschen und Geschäfte ausschließlich zu ihren Gunsten aushandeln. In der Zeit, von der ich hier spreche, gab es noch keine Inflation dieser einst kostbarsten Trophäen. Und die stärksten Boxer Europas kämpften eben erst einmal die Titel unter sich aus. Und nicht unbedingt durfte ein europäischer Champion mit der Chance rechnen, gegen den Weltmeister antreten zu dürfen.

Im Falle unseres Geburtstagskindes sah die Sache noch kurioser, um nicht zu sagen: hoffnungsloser aus – was seine Leistungen, wenn man sie von heute aus betrachtet, um so bewundernswerter erscheinen läßt. Er war – und nicht er allein – so gut wie machtlos, was sein Schicksalsweg als Berufsboxer betraf. Wo war der Trainer, die Vaterfigur, die entschied: wen zu welcher Zeit boxen, in welchen Intervallen zwischen den einzelnen Kämpfen? Und niemand fiel auf, daß er soff? Da wäre Härte und größte Sorgfalt nötig gewesen, vor allem bei einem wie Orsolics, der nichts anderes kannte, als sich zu verausgaben? Wer hatte den Überblick, wer die Autorität? Wem hätte ein österreichischer Manager schon die Stirn bieten können, mit welchem Kaliber an Reputation, mit welchem Geld?

Und wer war, international gesehen, dieser Grünschnabel, dessen Muttersprache ein unverständlicher Dialekt der Wiener Vorstadt war, der aus allereinfachsten, ja ärmlichen Verhältnissen kam, ein Arbeiterkind, das schon die ersten Klassen der Volksschule nicht packte, ein Streuner bald und Raufer, mit einem ersten vollgültigen Rausch bereits als Zwölfjähriger und seitdem, nach medizinischer Beurteilung, eigentlich bereits alkoholkrank, ein Rauchfangkehrerlehrling (deutsch: Schornsteinfegerlehrling!), der nach 27 Kämpfen als Amateur am 6. Juni 1967 in Wien in einem Europameisterschaftskampf über fünfzehn Runden den Titelverteidiger, den Deutschen Conny Rudhof, besiegte – und das »wie ein wilder Stier«? Und das Wunder nicht nur wiederholte, sondern noch übertraf, als er zwei Jahre später, eine Gewichtsklasse höher, im Weltergewicht, den Titelträger und Weltklassemann (und haushohen Favoriten) Jean Josselin aus Frankreich in einem unglaublichen Kampf k. o. schlug, und das schon in der vierten Runde, der besten seines Lebens, wie sein Biograph Sigi Bergmann, auf den wir gleich noch zu sprechen kommen werden, anmerkt? Es lohnt sich, ihm ein paar Zeilen lang zuzuhören, wie er, dieser begnadete Boxsportkommentator, sie schildert: »Orsolics kommt energiegeballt aus seiner Ecke, er ist scharf wie eine Rasierklinge und bringt Josselin mit einem linken Haken ins Wanken … und jetzt kämpft Hans so, wie es sein Publikum immer von ihm gefordert hatte: Er setzt mit Dauerattacken nach, so daß Josselin keine Sekunde bleibt, um sich zu erholen und zu kontern … immer wieder dreht er sich mit seiner großen Routine aus der Nahkampfdistanz heraus und versucht selbst Gegenangriffe zu lancieren. Da trifft ihn in der Ringmitte ein linker Haken und schleudert ihn zu Boden. Auf dem Rücken liegend, wird er vom italienischen Ringrichter Dino Ambrosini ausgezählt.«

Die Österreicher müssen damals, als sie zu seinen Kämpfen in die Wiener Stadthalle gepilgert sind, selbst gestaunt haben. An jenem Abend aber haben sie wohl alle auch gemeinsam vor Glück geweint. Einen wie ihn hat es vorher nie gegeben – und seine Einmaligkeit wird sich wohl auch in Zukunft nicht überbieten lassen, nicht im Boxring. Er schlug selbst Boxer, die mehr konnten als er, zu Boden. Er hatte ein Herz, das stärker schlug als das eines liebeskranken Elefanten. Ein Draufgänger, ein Boxer ohne Angst. Genau das, was Leute, die das Boxen lieben, sehen wollen.

Genau das, was mehr und mehr zur Mangelware geworden ist, was im Angebot fehlt, seit die Gentlemen erfunden wurden, die feinen Herren mit den geraden Nasen, die übervorsichtigen Publikumslieblinge ganz anderer Machart. Und selbst das größte und wohl auf ewig in seiner Größe unantastbare Genie Muhammad Ali hat gewußt, wovon er sprach. Boxen? »Es ist bloß ein Job: Gras wächst, Vögel fliegen, Wellen treffen den Strand. Und ich schlage Leute zusammen.«

Ja, das waren noch Zeiten, auch für den blutjungen kleinen, aber alles andere als harmlosen Jungen aus Kaisermühlen, als er sich darauf beschränkte, nur Leute zusammenzuschlagen, die ihm im Boxring gegenüberstanden. Was sich dann – leider und tragischerweise – schnell änderte.

Daß er schon immer ein Täter gegen sich selbst war, fiel erst gar nicht auf. Boxen ist so. Für die einen ein Abgrund von Erbärmlichkeit und Grauen, für die anderen eine faszinierende, auf das Wesentliche zurückgeführte sportliche Auseinandersetzung. Und da war, wenn dieser Hans Orsolics kämpfte, noch etwas, etwas vom alten Geist dieses Sports: Kämpfen bis zur Entscheidung, bis zum Bittersten, zur völligen Erschöpfung. Entweder Stehen oder Umfallen. Blut schwitzen, im wahrsten Sinn des Wortes. Boxen als Kampf um alles, wie es Revolutionäre vorgaben: Sieg oder Tod! Was bleibt einem zu verteidigen als das eine, einzige Leben?

Etwas von diesem Pathos war zu spüren, wenn Hans Orsolics durch die Ringseile kletterte. Es war keiner authentischer als er, um keinen mußte man aber auch mehr Angst haben, wenn er sich in die Schlacht warf – und kein mir bekannter Faustkämpfer war wohl je heimgesuchter von seinen Dämonen als er. Auf ihn mag zutreffen, was der englische Dichter Samuel Johnson vor fast dreihundert Jahren so formulierte: »Wer sich zum Tier macht, befreit sich von dem Schmerz, ein Mensch zu sein.«

In seiner beschränkten Einfachheit müssen ihm alle

die offiziellen Punktrichter, die ja auch ihn dann betrogen haben, wie Feinde vorgekommen sein. Macht sie überflüssig. Laßt es uns ausfechten auf Biegen und Brechen. Ganz wie in den alten mythischen Zeiten. Wer am Ende noch steht, hat gewonnen. Wer liegt, verloren. In diesem Sinn hat der Philosoph Peter Sloterdijk die Sache richtig verstanden, wenn er das Boxen definiert als »die fortwährende Ermittlung des Unterschieds zwischen Liegen und Stehen«.

Der längst Boxkampf der Geschichte fand im April 1893 statt. Da besiegte ein gewisser Andy Bowen einen gewissen Jack Burke nach 110 Runden, was einer Kampfzeit von über sieben Stunden entspricht.

Hans Orsolics war gerade erst 27 Jahre alt, als er nach insgesamt 53 Profi-Kämpfen auf Anraten der Ärzte in Pension ging. Wohin konnte einer wie er gehen? Die Straße, die er kannte, runter, immer weiter in die Hilflosigkeit hinein, in die Hölle. Von dem Geld war ein Wirtshaus geblieben, eine kleine Kneipe. Und darüber, seine Bleibe, ein dreckiges Loch ohne Ofen, Waschraum und Toilette.

Was jetzt noch strahlte, war sein Kampfrekord: 42 Siege, vier Unentschieden, sieben Niederlagen, sechs davon durch K. o. – was sich sehen lassen kann, aber es waren das alles der Reihe nach schwere, sehr schwere Knockouts, da er sich bis zur völligen Bewußtlosigkeit wehrte zu fallen. Er fiel erst, wenn die Lichter ausgingen. Sehr viel später wird er ein Lied einsingen (aber was heißt: singen!), das österreich-berühmte *Mei*

potschertes Leb'n (was übersetzt heißt: Mein total ver-
pfuschtes Leben); darin folgende Zeile: I hob verluan
– wie nur ana verliern kann – der a Herz statt an Hirn
hot. Ja, so war's wohl.

Und dann kamen die Stimmen. Die Paranoia.
Frauengeschichten. Gefängnisaufenthalte. Ich belas-
se es bei diesen Andeutungen. Wer das bis in die er-
schütterndsten Details lesen will, dem sei das Buch zur
Lektüre empfohlen.

Und damit zum bereits angekündigten zweiten Haupt-
darsteller des Jubiläums, zu Sigi Bergmann, der das
Buch zum Phänomen des Menschen Hans Orsolics geschrieben hat.

Er wird mir sicher recht geben, wenn ich behaupte,
daß es schwierig ist, mit einem Menschen zurecht-
zukommen, der nicht trinkt, daß es aber mit Sicherheit
lebensgefährlich sein kann, mit einem aneinander-
zugeraten, der nie nüchtern ist. Besser, man setzt bei
einem, der Schnaps aus Biergläsern trinkt, und das zum
Frühstück, das Vorhandensein von Wahnsinn voraus –
und rechnet mit dem Schlimmsten. Das Beste, was
man über ihn sagen kann, wäre: Amen. Und doch ist in
dieser Höllenfahrt etwas, das wie alles Unvorstellbare
zugleich abstoßend wie faszinierend ist: die Nähe zum
Absoluten. Er ist, sagte mir Bergmann, wie gute Kunst
sein soll: asozial, subversiv, gefährlich.

Das Böse als das zerplatzte Gute?

Ja, das zerplatzte Gute. Das ist es.

Ich hatte ihn gebeten, mich nach Kaisermühlen zu

chauffieren, zum Schauplatz der Kindheit und Jugend von Orsolics, ihn, der seit vierzig Jahren sein Freund ist, dem er hilft, den er in Schutz genommen hat gegen die Polizei, gegen voreilige Gutachten von Psychiatern – und dem er mit seinem Buch das verdiente Denkmal gesetzt hat, die ungeschminkte, schonungslos aufrichtige und, nebenbei gesagt, großartig recherchierte Erzählung seines Lebens, die Bilanz seiner Siege und seiner Niederlagen, denen im Ring und denen seines privaten Lebens. Er, dessen Kämpfe Straßenfeger waren und mit den höchsten Einschaltquoten live vom österreichischen Fernsehen übertragen wurden, verdankt es Bergmann, daß er als Hilfsarbeiter in der ORF-Hausdruckerei Arbeit gefunden hat.

Was für ein Abstieg? Nun ja, einerseits. Andererseits ist das dritte Wunder seines Lebens das, daß er überhaupt noch am Leben ist, wenn auch in der sehr eingeschränkten Form eines von starken Psychopharmaka ruhiggestellten, allerdings seit nun zwanzig Jahren trockenen Invaliden.

Es ist unmöglich, meinem Freund auf der Geisterbahn durch seinen Kopf zu folgen.

Wir müssen fühlen, daß wir existieren, wenn auch unter Qualen. Ist es das?

Ja, das ist es. Insofern war das Kämpfen, das besinnungslose Anrennen gegen die zum Angriff bereiten Fäuste seiner Gegner weiter nichts als die szenische Aktion des eigenen Lebens.

Ich wußte immer schon, dieser Mann versteht mehr als jeder andere, dem ich begegnete, vom Boxen – und den Menschen, die es beruflich tun. Bergmann und Boxsport, schrieb eine Zeitung einmal zu Recht, sind synonym verwendete Begriffe.

Der Kampf, sagt Bergmann, als wir über die Reichsbrücke, die die Donau überspannt, zurück ins Zentrum fahren, der gegen Eddie Perkins am 3. September 1960, das war der Knackpunkt. Eigentlich gedacht als letzter Aufbaukampf für den bereits vertraglich fest fixierten Kampf gegen Weltmeister José Nápoles. Ein Todeskampf. Was für ein Irrtum seines Managements! (Originalton Orsolics, als er zum ersten Mal seinen Gegner sieht: »Mir is g'sorgt worn, des is a ausgebrannter 40jähriger Weißer, und jetzt kommt a lochender Neger daher!«) Ein Mann, der sieben Weltmeisterschaftskämpfe auf dem Buckel hatte, vier immerhin gewonnen, ein Unentschieden und zwei Punktniederlagen. Was sich sehen lassen kann. Es war nicht zu schaffen für Hans, nicht mehr, nicht bei seinem Lebenswandel. Und so kam es, wie es kommen mußte. In Runde vier. Ein weit hergeholter rechter Haken trifft Hans am Kinn, er sackt in sich zusammen, fällt bewußtlos auf den Boden, schlägt voll auf dem Hinterkopf auf … ein Doppel-K. o. … fast eine Minute lang ist Hans bewußtlos.

War's das?

Bei den Schulden, die er hatte? Natürlich nicht. Es ging und ging weiter, gegen härteste Kaliber.

Und weiter abwärts.

Immer weiter.

Eigenartig, daß genau das einen Publikumsliebling

noch liebenswerter macht, nicht? Sie leiden. Und wir lieben sie dafür.

Ja, eigenartig. Die Leute lieben ihn bis heute.

(2007)

Daß es weh tut, muß sein!

Okay, ich habe einiges abbekommen, aber was soll's. Der Kerl, mit dem ich es zu tun hatte, war gut drei Gewichtsklassen schwerer als ich, einen Kopf größer, er war schneller auf den Beinen als ein Leichtgewicht, und die Vorteile seiner Reichweite konnten einem Angst machen. Ich schlug ihm, wenn ich nicht nah genug an ihn herankam, auf die Arme, um sie müde zu machen – was nicht gerade nach viel aussah, aber schließlich hatte es genau so, wie ich wußte, Rocky Marciano mit Gegnern gemacht, die versucht hatten, ihm mit ihren Armen das Leben schwerzumachen.

Ein Schlag gegen den Kopf kann einen Boxer wachrütteln, aber Schläge auf die Arme können ihn um den Verstand bringen und irgendwann so wütend machen, daß er Fehler macht. Außerdem zweifelte ich an seiner Fähigkeit, bei einem Schlagabtausch ruhig bleiben und sein Temperament kontrollieren zu können. Ich kannte meinen Freund. Manchmal, wenn ich an seinen Armen vorbei einen Schlag – und vielleicht noch einen – landen konnte, explodierten in seinem Kopf ein paar Reflexe, was ihn unberechenbar und noch gefährlicher machte. Ich mußte also aufpassen. Aber es war okay. Es war okay, daß es weh tun muß. Es war die Voraussetzung, Freunde zu bleiben.

Wir waren gut in Schuß damals. Wir hätten uns ein paar richtige Kämpfe zugetraut und sie durchgestanden, vielleicht nicht siegreich, aber so ehrenhaft wie jemand, der nicht weiß, wovon er, wenn er verliert, am nächsten Tag sein Essen bezahlen soll.

Dabei hatten wir, als wir mit dem Boxen anfingen, weiter nichts vorgehabt, als uns das Handwerk beibringen zu lassen, an einem Ort, der *low life* genug war, um es richtig aussehen zu lassen: ein Keller in einem Mietshaus in Schwabing, der auch das Zuhause von immer mindestens fünf, sechs herrenlosen Katzen war, und beim Seilspringen konnte einem schon mal eine zum Stolpern bringen.

Wir trainierten unter der Anleitung eines Mannes im Rentenalter, eines ehemaligen Boxers mit entsprechend abgewetztem Gesicht. Aber wie es oft so ist mit solchen Gesichtern: das, was Mitleid erregen könnte, wird überstrahlt von freundlichen, fast hilflos gutmütigen Augen. In seiner Gegenwart war jede Feindseligkeit, wann immer sie hätte aufkommen können, sobald wir aufeinander losgingen, ausgeschlossen. Und erst einmal stand auf dem Stundenplan ohnehin nicht das Kämpfen, sondern die einfachen Grundregeln der klassischen Haltung, die Arme dicht am Körper, die Füße nicht zu weit auseinander, die Beweglichkeit des Oberkörpers (und, wie oft haben wir das gehört: Hände hoch!). Mochten wir uns auch bewegen wie hilflose Fische, der alte Mann hatte seinen Spaß mit uns.

Eine Runde, die drei Minuten dauert, ist eine lange Zeit. Zeit genug, viel falsch zu machen. Auf dem falschen Bein stehen, falsch atmen, falsch denken – was soviel heißt wie: überhaupt denken! Es verfolgte uns bis in den Schlaf.

Boxen ist kein Mannschaftssport. Die Fehler, die man macht, macht man allein. Und man bekommt eins auf die Nase dafür. Und schon sieht man den Schlag danach nicht rechtzeitig. Und um zu klammern, steht der Kerl zu weit weg. Was anfangen mit den alten Boxerweisheiten, die so schön klngen, aber schwer zu beherzigen sind? »Was immer der andere Mann machen will, laß es ihn nicht machen.« Nein, laß es ihn nicht machen! Laß es ihn die nächsten drei Minuten nicht wieder machen.

Was ist das für eine Deckung, schreit mich einer an. Redet der Kerl, der mich gerade zweimal getroffen hat, auch noch? Oder war es die eigene Stimme? Es geht drunter und drüber. Was für eine Arbeit, sich zu wehren – eine Arbeit im übrigen, mit der man ein Leben lang auch außerhalb der Ringseile nie ganz fertig wird.

Der Spaß am Boxen war, elegant zu sein. Das war es, was uns vorschwebte. Die Eleganz einer Bewegung, einer Körpertäuschung, eines nur angedeuteten Schlags – oder die schnelle Reaktion, einem Schlag auszuweichen. Die Eleganz, die nur durch die Natürlichkeit aller Bewegungen insgesamt geboren wird! Nicht mit Kraft boxen, nicht punchen! Und nicht denken. Die Kraft entdecken, die der Intelligenz des Körpers innewohnt! Tun, was der Körper besser weiß als du. Mit einem Wort: wir wollten, was wir da taten, in etwas Geistiges verwandeln.

Auch mit bandagierten Fäusten und Kopfschutz und

geschnürten Handschuhen blieb das Boxen für uns eine romantische Idee.

Wir sahen uns als Teil einer Geschichte von Helden, die unsere Verehrung allein deshalb verdienten, weil sie im Ring gestanden hatten und dort zähe, harte und kompetente Burschen gewesen waren. Weil sie über ein paar Eigenschaften verfügten, die uns gefielen. Was waren die vielen anderen, mit denen wir es privat und beruflich zu tun hatten, für Schlauberger. Leute, die viel redeten und mehr Alkohol tranken, als gut für sie war, und auch die Frauen, die sie hatten, waren nicht gut für sie, und so blieb ihnen nichts weiter übrig, als siegessicher auf die Nützlichkeit aller Dinge zu setzen. Ihnen war die Schönheit einer aus der Schulter heraus geschlagenen rechten Geraden oder die bewundernswerte Vollkommenheit eines kurz angesetzten linken Hakens nicht zu vermitteln. Auch nicht die tiefe Genugtuung, wenn das Kämpfen sich wie eine Liebkosung anfühlt und die Erschöpfung danach wie Glück.

Wir waren spielende Kinder mit dem Gedächtnis alter Männer.

In der Ahnengalerie der großen Boxer war keiner tot – und keiner ihrer Kämpfe lag lange genug zurück, um in unserer Erinnerung nicht lebendig geblieben zu sein. Wir boxten auch deshalb, damit sich das nie ändern würde.

Als Charles Schumann Vater geworden war, nannte er seinen Sohn – eine Reverenz an den Boxsport – Marvin, nach Marvin ›Marvelous‹ Hagler, einem der besten Mittelgewichtler in der Geschichte des Boxsports.

Ein Name ist dann etwas wert, wenn er im Bett gut klingt – hörte ich einmal eine Dame sagen, die das Boxen für eine ordinäre Angelegenheit hielt, aber von Vornamen verstand sie offenbar was.

Es gibt viele Arten, Schweiß fließen zu lassen. Es gibt die Liebe und die Liebe zu Namen, die Liebe zum Boxen und die Entscheidung, bevor man zu alt für das alles ist, selbst durch die Seile in den Ring zu schlüpfen. Am Ende läuft es – Bett oder Ring – auf das Gleiche hinaus: auf vom Unterbewußtsein aufgenommene Informationen.

Wer einen Kampf sieht, sieht nur die Boxer, aber Boxer haben es mit dem Unsichtbaren zu tun. Schwer zu sagen, was es ist, was da im Ring in der Luft liegt. Wir sehen etwas erst dann, wenn es zu spät ist, wenn es zur Tatsache geworden ist. Und beim Boxen ist ein Treffer eine Tatsache, und ein Treffer kann einen Kampf entscheiden, was auch eine Tatsache ist. Ich habe ihn nicht kommen sehen, wird der Besiegte seinem Trainer sagen. Und der wird die Augen, die versagt haben, mit einem Eisbeutel kühlen. Er hat dich erwischt, ja.

Er hat jetzt mehr Angst vor den Stunden, die kommen werden, als vor jedem Gegner, gegen den er je geboxt hat. Die Nacht wird, auch in den Armen einer Frau, dunkler werden. Er wird an den Schlag denken. Er wird Dinge sagen, die er selbst nicht versteht. Aber bei Gott, ich schwöre, der Tod ist schön, er hat ein Fell, ein tiefschwarzes Fell.

Wir haben uns Geschichten wie diese wieder und wieder erzählt. Damals gab es das *Schumann's* noch nicht. Charles war, als Angestellter in Harry's New York Bar, einfach nur der beste Barkeeper der Stadt.

Auch wenn wir, was die Kunst des Boxens betrifft, kleine Lehrlinge geblieben sind, wissen wir heute besser, wovon wir reden, wenn wir vom Boxen reden. Bis heute reden wir über nichts lieber.

(2011)

Joe Frazier

Er kam aus einer Welt, wo es mehr Hütten als Häuser gab und mehr Müllhalden als Hütten, wo der Dreck der Straße durch die Ritzen der Fenster und Türen wehte – und einer, der Hunger hatte, nicht satt wurde.

Die Gedanken, die einer hatte, der so aufwuchs, waren bestenfalls auf die Chance aus, sich durchzuboxen. Es ging um den Wunsch, ein Mensch sein zu dürfen. Ob Gebete helfen? War Gott einer, der zuhörte? In den Kirchen sangen sie *Save in the Arms of Jesus*, aber waren die Straßen mit ein paar Muskeln, die man sich antrainierte, nicht sicherer? Wie versöhnt man sich mit einem Leben, das erst einmal nicht viel mehr war als keines?

Ein Leben, das wie ein Blues beginnt, wie eine Ballade ohne viel Hoffnung, wie eine Geschichte mit Schlägereien, mit scharfen Messern, Alkohol und Drogen – und am Ende einem Mord. So hätte es kommen können. Aber es kam anders.

Wenn schon Gott nicht auf alle ein Auge haben kann, so schickte er einen, der es tat. Einen altgedienten Fachmann, denn der machte einen Boxer aus ihm.

Als hätte er nicht schon genug Pech mit seinem jungen Leben gehabt, war Joe Frazier auch noch dazu verdammt, im gleichen Jahrzehnt in der gleichen Gewichtsklasse wie Muhammad Ali boxen zu müssen.

Mehr Pech geht nicht. Da war einer wie es keinen sonst je gegeben hatte (und, aller Wahrscheinlichkeit nach, je wieder geben wird!), ein Engel, ein Genie, die unsterbliche Ausnahme. Wie soll einer nach den Sternen greifen, wenn da einer im Weg steht, der ein Star ist, ein Superstar? Eher ein Tänzer als ein Boxer? Ein Poet, mit der Zunge so schnell wie mit den Fäusten? Ein Psychopath vielleicht, ganz sicher aber ein Verrückter?

Ich muß aufpassen, nicht wieder ins Schwärmen zu geraten über Ali, wo es hier doch um Joe Frazier gehen soll. Ich will nicht ungerecht sein. Ich will keine Vergleiche anstellen. Und ich liebe den Boxsport zu sehr, um einen wie Frazier nicht verstehen zu können.

Da war einer dabei, das Boxen nicht mehr so aussehen zu lassen wie Boxen. Was auch das Geschäft störte, in dem Ali die Anschauung dessen änderte, und das radikal und unwiderruflich, was ein Boxkampf immer gewesen war: ein Kräftemessen im Ring, die Auseinandersetzung zweier Athleten mit nichts als dem Mut zum Kampf, der Fähigkeit, Schläge einzustecken und mit Schlägen zu antworten. Ein Boxkampf als Jüngstes Gericht! Es war keine Show. Es ging darum, sich mit der Kraft, die man hatte, Autorität zu verschaffen, fünfzehn endlos lange Runden. Es war eine Übung des Glaubens an sich selbst, ein fast schon nicht mehr menschliches Unterfangen, sich gegen die Wetten (die immer zugunsten von Ali liefen) zu behaupten.

Keine Angst haben, vor nichts auf der Welt und niemandem – das hatte Frazier schon als kleiner Junge, um am Leben zu bleiben, lernen müssen. Und es war dieses Selbstvertrauen, das ihn vor so vielen anderen Boxern, die gegen den Größten antraten, auszeichnete. Er traute es sich zu, zu siegen, und kassierte dafür die Belohnung an jenem 8. März 1971 im Madison Square Garden in New York, als er den Clown, wie er Ali nannte, am Kinn traf – und Ali zu Boden ging. Alis erste Niederlage, der Triumph über einen Unbesiegbaren. Es war ein perfekter, ein Oden-tauglicher Schlag, ein linker Haken, ein Haken, wie ihn vor ihm vielleicht nur ein Jack Dempsey draufhatte. In allen drei Kämpfen der beiden konnte man es spüren, wie groß der Appetit von Frazier war, der Fachwelt, den *wise guys* und selbsternannten Experten vorne am Ring zu zeigen, daß sie falsch lagen; vor allem auch denen, die das prahlerisch selbstverliebte, seiner Einschätzung nach dem Schwachsinn nahe, mit Einsprengseln von gereimten Sprüchen aufgedonnerte Getue so unwiderstehlich fanden. Lass ihn! Der hat sie nicht alle!, mag Frazier gedacht haben, als er in der Dick Cavett Show die Bühne mit beeindruckend gelangweiltem Gesichtsausdruck ganz dem elegant redseligen Ali überließ. Er bot den Kameras Schweigen aus Eis, völlige Gleichgültigkeit, hin und wieder ein Lächeln. Wer hat Angst vor Wahnsinnigen? Er würde mit der Handschrift seiner Schläge antworten und ihm, wie in der fünfzehnten und letzten Runde in New York, seinen Segen geben. Er würde die Peitsche sein auf der nackten Haut seiner Zunge.

Eigentümlich allerdings, daß ihm dann George Foreman, gegen den er in Caracas antrat, Halluzinationen verursachte. Er muß schon mit Angstschweiß am ganzen Körper in den Ring geklettert sein. Und in zwei Runden war der Spuk vorbei – und Frazier, der vor den fürchterlichen Schlägen, die er gar nicht mehr kommen sah, fluchtartig davontaumelte, war vernichtet. Ein Kampf, der keiner war. Mögen die Psychologen sich dazu äußern.

In einem Gedicht des irischen Dichters William Butler Yeats finde ich folgende Zeilen, die keine Erklärung, aber doch einen Anhaltspunkt und ein starkes Bild liefern:

»Alles zerfällt; die Mitte hält nicht mehr;
Die bloße Anarchie ist losgelassen auf die Welt,
Losgelassen die blutgetrübte Flut …«

Wir wissen, wie es Ali später – im Kampf in Afrika – mit Foreman machte, mit welch schlauer List und einer Art zu kämpfen, die einem Mann wie Frazier in seiner ganzen großen Karriere einfach nicht zur Verfügung stand.

Aber einer wie Ali war wie geschaffen für einen wie Frazier. Und auch den letzten, den dritten Kampf der beiden, den Kampf, der am 1. Oktober 1975 stattfand und als *The Thrilla of Manila* in die Geschichtsbücher des Boxsports einging, hätte Frazier ja um den Hauch eines Haares fast gewonnen. Die vierzehnte Runde war vorbei. Noch eine Runde. Drei Minuten noch. Auch Ali konnte nicht mehr, wollte aufgeben. »Es war wie das, was dem Sterben am nächsten kommt«, wird er sagen. In der Ecke gegenüber wurde auch geredet. Auch Frazier war am Ende, das linke Auge war zu, er sah kaum noch etwas, aber er wollte kämpfen, wollte die letzte, die fünfzehnte Runde – und die Entscheidung. Hatte er Ali nicht schon einmal in der fünfzehnten Runde erwischt? Es war jener Bruchteil einer Sekunde, die Angelo Dundee in Alis Ecke wartete, bevor er bereit gewesen wäre, das Handtuch zu werfen – und Eddie Futch in Fraziers Ecke es dann tat. Es war vorbei. Alles war vorbei. Ali erhob sich von seinem Hocker, wankte mehr, als er stand, hob die Arme – und sackte zusammen.

Ali kann von Glück sagen, daß es einen wie Joe Frazier gab. Er hat seine Unsterblichkeit mehr veredelt als jeder andere. Sie tranken den Krug leer. Es ist unmöglich, das nicht zu bewundern. Man muß nicht lieben, was da zu erleben war, aber der unerklärliche Sinn dieses Kampfes hat sich ins Gedächtnis auch jener eingegraben, die in jener Nacht nicht glauben konnten, was sie sahen. Alle Kraft, die es gibt auf Erden, war aufgebraucht. Das war Boxen, wie es Boxen nicht mehr geben wird.

Frazier war, an Alis Größe gemessen, zu kurz geraten, und das nicht nur, was die Zentimeter betraf, die Ali ihn überragte. Aber man kann es, alle Handicaps zusammengenommen, nicht besser machen als Joe Frazier, und deshalb gebührt ihm jetzt, wo er tot ist, besiegt von jener unerklärlichsten und unbeherrschbarsten aller Krankheiten, die Ehre, auch einmal im

Feuilleton besungen zu werden und nicht, wie zu seinen Lebzeiten, immer nur herabgestuft zu werden auf die Sportseiten.

(2011)

Der mit den Fäusten tanzte
Zum 70. Geburtstag von Muhammad Ali

Ich mußte tief durchatmen, als ich Ali neulich im Fernsehen beim Begräbnis seines großen Kontrahenten Joe Frazier sah. Daß er unter Parkinson leidet, weiß die Welt. Aber es war ein Schock, wie krank, wie hinfällig und hilflos er wirkte. Ich dachte, oh Scheiße, der Mann ist erst siebzig. Und das bin ich in zwei Jahren auch.

Es waren die Kämpfe. Alle, die nichts vom Boxen verstehen, reden so. Es waren die Schläge, der er einstecken mußte. Es waren die Fäuste all derer, die versucht hatten, dem Großen Philosophen die Lichter auszublasen. Es ist die pure rohe Gewalt dieses Sports.

Die Leute, die ihn noch im Ring gesehen haben, werden weniger. Sogar Oma, längst tot, hat zugeschaut, wenn er boxte. Überall gingen nachts in den Wohnungen die Lichter an. Die Einschaltquoten bei der Mondlandung dürften nicht wesentlich höher gelegen haben. Unsere Kinder kennen, wenn überhaupt, die drei Buchstaben seines Namens.

Ali lebt noch, aber er ist schon eine ferne, historische Figur. Fast möchte man nicht, daß er noch lebt. Aber Allah ist gnädig. Und die Kraft dieser Gnade hält Ali auf den Beinen. Und wer weiß, vielleicht sieht er das

Licht, dem er sich sein Leben lang entgegengekämpft hat, das Leuchten nach dem Tod.

Was für ein schöner Junge er war, als er 1960 mit der Goldmedaille zurück in die Staaten kam. Was er damals fühlte? War er stolz? Nichts, sagte er, als ich heimkam, war ich einfach nur wieder ein weiterer Schwarzer.

Um das zu ändern, wurde er Profi. Und danach war in diesem Sport nichts mehr wie vorher. Er rief sich zum The Greatest aus, gab sich hemmungslos selbstbewußt und liebenswert selbstverliebt, war laut und witzig und schlagfertig und blieb doch umgeben von einer Aura goldener Unschuld. Er hat in einem kaum vorstellbaren Ausmaß das, was in einem Boxring möglich ist, öffentlich gemacht. Er war auch als Entertainer eine Klasse für sich. Und nicht zu unterschätzen für die Wirkung, die er auf ein Publikum hatte, war der Umstand, daß man Angst haben durfte um ihn. Für ein Schwergewicht schien er zu zart, für einen Boxer zu intelligent, für einen Schwarzen zu frech. Und er konnte nicht übermäßig hart schlagen, nicht annähernd so hart wie etwa ein Oscar Bonavena oder Ron Lyle oder, na ja, wie eben George Foreman, der amtierende Weltmeister – was nichts war, was Ali Sorgen machte. Was er austeilte, traf das Ziel. Es war die Präzision seiner Schläge, ihre Schnelligkeit, die Vielzahl seiner kleinen, präzisen Treffer, ihre entmutigende Wirkung auf das Gemüt seiner Gegner. Die Kerle hatte keinen Respekt vor Muskeln, weil sie die auch hatten, aber wehe, eine

Biene ging zum Angriff über. Und so kämpfte Ali wie eine Biene, die herumsummte und stach und herumsummte. Der Junge hatte Humor, so viel davon, daß es sogar die Journalisten und die Profis der TV-Talk-Shows mit der Angst bekamen. Ali, ein Possenreißer, der sie alle schlecht aussehen ließ.

Da stand ihm mal einer mit seinem Mikrophon im Weg, der Fragen stellte, die üblichen. Es war vor dem Kampf in Kinshasa gegen George Foreman. Alle hatten sie Angst um Ali. Meine ganze Familie hatte Angst, und selbst Oma machte sich Sorgen und hatte zu seinem Schutz eine Kerze entzündet. Wie das gehen solle, einen wie Foreman besiegen zu können, wollte der Reporter wissen. Ob er wirklich glaube, überhaupt eine Chance gegen ihn zu haben. Und was antwortet Ali? Nein, er antwortet nicht, sondern stellt dem Schlauberger lieber selbst eine Frage. Haben Sie das gesehen? fragt er. Was gesehen? Den Schlag, sagte Ali, gesehen? Welchen Schlag? Ali hatte sich überhaupt nicht bewegt. Siehst du, sagte Ali, so wird es im Kampf auch sein. Ich bin zu schnell. Er wird meine Schläge nicht sehen. Und Ali wird noch deutlicher, droht nicht nur seinem Gegner, sondern auch gleich noch der Lichtgeschwindigkeit eine Niederlage an und sagt einen von den vielen Sätzen, die ihn so berühmt gemacht haben. »Letzte Nacht hab ich das Licht in meinem Schlafzimmer ausgemacht, ich hab auf den Schalter gedrückt und war im Bett, bevor es dunkel war!«

Gehe hin, mein Sohn, und verkünde es. Geh zu

George und erzähl es ihm. Ich bin bereit. Ich warte auf ihn.

Später, Ali liegt in seinem Hotel auf dem Bett, wird er zu Gene Kilroy, seinem Pressemann, sagen: Noch nie in der Weltgeschichte haben sich so viele weiße Menschen um einen Neger solche Sorgen gemacht.

Nun ja, Millionen! Aber nicht alle, bei weitem nicht alle. Ali war von Anfang nicht nur ein Athlet, sondern einer mit einer Botschaft. Und mit der schockte er Amerika, ein Land, das extrem reaktionär war. Auch das gehört zu seiner Biographie dazu. In den Augen vieler seiner Landsleute, der ganzen breiten rassistischen Mittelschicht Amerikas, war er ein Verrückter, unberechenbar und gefährlich. Eine Dauerbelästigung! Und deshalb zum Teufel mit ihm! Schwer vorstellbar, daß es nicht Überlegungen gegeben haben sollte, ihn aus dem Verkehr zu ziehen. Plan eins: Ein finaler Kampf gegen einen große starken weißen Boxer, der ihn windelweich prügelt, und das weltweit im Fernsehen, aber so einer war nicht aufzutreiben. Nun gut, dann eben ein Kampf gegen einen seiner Hautfarbe, Plan zwei. Der schien mit Sonny Liston gefunden, eine gute, etwas einfältige Seele, ein Mann auf der Lohnliste der Boxmafia, der in den Wettbüros als haushoher Favorit gehandelt wurde. Was aber, wie wir wissen, auch nicht hinhaute. In seinem Metier, dem des Faustkampfes, konnte Ali keiner was anhaben. Wer nur davon träumt, mich zu schlagen, sagte Ali, sollte aufwachen und sich dafür entschuldigen. Was also tun? Einen Killer anheuern? Ali ärgerte ja nicht nur die Politiker, sondern auch die Drahtzieher in den Kulissen, die Geschäftemacher, die Männer mit den dicken Zigarren, den Blondinen und goldenen Scheckbüchern, die ganze korrupte Bande, die Boxer verschacherten wie Vieh. Es passte zur Grundstimmung dieser Jahre, diesen Spielverderber, dieses Fabelwesen, dieses »größte Ego Amerikas« (Norman Mailer) eliminieren zu wollen.

Ali war in seinen besten Jahren eine Geldmaschine. Und was er verdiente, ging an seine muslimischen Glaubensbrüder. Man muß sich diese Provokation einfach nur einmal ganz in Ruhe vorstellen, um eine Vorstellung zu bekommen, mit welchen Gegnern es Ali zu tun hatte, außerhalb des Rings. Heute, wo selbst die, die ihn nicht ausstehen konnten, Mitleid mit ihm haben, kommt diese Heldengeschichte seines Lebens immer zu kurz. Aber auch sie muß erzählt werden.

Ein Weltmeister im Schwergewicht verfügte damals noch über eine Autorität, die über den Sport weit hinausging. Er war ein nationales Symbol – mit der verdammten Pflicht, die Tugenden des Landes zu repräsentieren. Kein Held gehört sich selbst, sondern der Mehrheit. Aber das, die Mehrheit, war Ali zu wenig, er entschied sich, der Menschheit zu gehören, der Familie aller Guten und Gerechten. Für ihn waren Boxkämpfe das eine, sein Kampf für alle Unterdrückten, für ihre Würde und Unabhängigkeit das andere. Als er die Boxhandschuhe, viel zu spät, an den Nagel hängte (»Es gibt amüsantere Dinge, als Leute zu verhauen«), kündigte er der Karriere zweiter Teil an. Jetzt fängt mein Leben erst wirklich an. Gegen Ungerechtigkeit kämpfen, gegen Rassismus, Verbrechen, Analphabetismus und Armut, mit diesem Gesicht, das die Welt so gut kennt.

Für die Patrioten war dieser Angeber eine Zumutung – und alles, was er öffentlich von sich gab, eine Kriegserklärung. »Ich habe nichts gegen den Vietcong. Von diesen Leuten hat mich noch nie jemand Nigger genannt.« Das war mutig. Und kostete ihn seine Boxlizenz. Drei Jahre Berufsverbot, ein Teil seiner besten Jahre. Hieß er nicht einmal Cassius Clay? Oh ja, bis er seinen, wie er das nannte, Sklavennamen ablegte, zur Nation of Islam wechselte und sich fortan Muhammad Ali nannte.

Er war, wenn er in Form war, eigentlich unbesiegbar, außer am Abend des 8. März 1971 im Madison Square Garden in New York, als er in Form war und trotzdem verlor, von ebenjenem Joe Frazier besiegt, dem er das letzte Geleit gab. Alis erste Niederlage. Er verlor gegen Ken Norton, weil er, was er gern tat beim Boxen, zu viel redete. Und gegen den bis dahin völlig unbekannten Leon Spinks verlor er, weil er den Buschen für einen Anfänger hielt und schlecht trainiert hatte. Es war keine Schande, gegen Ali zu verlieren, aber ihn zu besiegen hieß: in die Geschichtsbücher des Boxsports eingehen, fett gedruckt! Außerdem war Ali, als er den Nimbus der Unbesiegbarkeit erst einmal eingebüßt hatte, zum überschaubaren Risiko geworden. Man mußte ihn nur einmal, ein einziges Mal, und das mit allem Pulver in der Faust, am Kinn erwischen, was auf die Dauer von fünfzehn langen Runden immer möglich war, das schluckt auch ein Ali nicht. Es kam auf diesen einen Schlag an. Etwas dürftig vielleicht, aber mehr Strategie war von den harten Jungs, die der Reihe nach gegen ihn in den Ring kletterten, auch nicht zu erwarten. Aber kein schlechtes Wort über sie. Schauen Sie sich den Kampf gegen George Chuvalo an! Ali hatte tatsächlich zu tun, sich den Kerl vom Leib zu halten.

In einem war Ali, zum Kummer seiner Ärzte und seiner Fans, eben doch keine Ausnahme. Er konnte nicht aufhören. Er, der kluge Alleskönner, der Boxer, der tanzte, der Faustänzer, der Mann, der ein Poet war und ein Prediger, konnte sich nicht eingestehen, daß sein Datum als Preisboxer abgelaufen war.

Sein Kampf gegen seinen einstigen Sparringspartner Larry Holmes war (wie auch sein dann endgültig letzter Kampf 1981 gegen Trevor Berbick) eine Bestrafung ohnegleichen – und für beide Boxer, für die Ali doch das große unerreichte Vorbild gewesen war, eine Arbeit, die zu tun sie sich schämten.

Zum Schluß eine Verbeugung, ein Adieu – und eine Anekdote. Muhammad Ali befand sich in einem Flugzeug, als die Stewardess ihn aufforderte, sich anzuschnallen. Ali antwortete: Superman braucht keinen Gurt. Antwort der Stewardess: Superman braucht kein Flugzeug!

Darf man sich Ali, einmal wenigstens, sprachlos vorstellen?

(2012)

Eine Erinnerung an Muhammad Ali

Es war Mai 1976. Ein Wonnemonat der seltenen Art, jedenfalls für mich. Ali war in München eingetroffen, mit seiner Entourage im Hotel Bayerischer Hof abgestiegen und würde sich, wie die Zeitungen schrieben, im Zirkus Krone auf seinen Kampf gegen den Briten Richard Dunn vorbereiten; sein Training sei öffentlich.

Ich war da, jeden Tag um 16 Uhr. Das passiert schließlich nicht oft in einem Leben, einem Genie bei der Arbeit zuschauen zu können, etwas, das ich noch heute als das höchste Glück ansehe.

Zwanzig Jahre später lernte ich in Las Vegas einen von Alis engsten Vertrauten kennen, Gene Kilroy, der sich an München erinnerte und nicht verstehen wollte, warum ich mich bei ihm nicht schon damals gemeldet hätte. Ich bin nicht sicher, ob er einen Witz machte – oder mich tatsächlich tadelte.

Ich trieb mich schon an den Vormittagen in der Lobby des Hotels herum, aber keine Spur von Ali. Nicht vor 16 Uhr. Er ruhe sich aus, hieß es.

Aber ich würde ihn ja später sehen, angetan mit einem weißen Bademantel, die Fäuste bandagiert, jede seiner Bewegungen von einer Schönheit, wie sie große Katzen haben.

Katzen, die mit Schmetterlingen spielen.

Es ist immer seltsam, jemanden in Fleisch und Blut

zu begegnen, dem vorherbestimmt ist, »unsterblich« zu sein.

Irgendwie steckte mir jemand, dass Ali jede Nacht, so gegen zwei Uhr früh, das Hotel zu einem nächtlichen Lauf verlässt. Ich war, versteht sich, zur Stelle.

Und einmal rannte ich tatsächlich selbst los, hinter Ali her, im Gleichschritt an seiner Seite, gefolgt von einer amerikanischen Limousine, aus der heraus mir ein schwarzes Gesicht, nicht unfreundlich, zu verstehen zu geben versuchte, mich zu verpissen.

Nein, Freunde, noch bis zum Siegestor, bitte. Und nicht schießen! Obwohl ich bereit gewesen wäre, hier und jetzt zu sterben. Was gab es noch zu leben? Ich hatte, eingetaucht in die Dunkelheit der Nacht, den siebten Himmel im Blick, war auf Tuchfühlung mit Ali, in Atemnähe mit ihm.

Dann hörte ich seine Stimme. Er hatte den Kopf gedreht, gelächelt und gesagt: Thank you – und hängte mich mit einem leichten Antritt ab.

Ich blieb stehen, schaute ihm nach und sah auf meinem Heimweg die Sonne aufgehen, eine Sonne, die auf der Erde ein Wunder zurückließ, einen Stern namens Ali.

(2016)

Die Nacht von London

Wie haben Sie den Kampf erlebt?
Erster Eindruck: Klitschko kommt allein, fast einsam zum Ring. Das gab es bisher nicht. Und endlich hat er den immer etwas zu pompösen Mantel entsorgt, den er sonst immer bei seinen Auftritten trug. Der Verzicht hatte Stil. Es kam nicht oft vor, dass er mir bei seinen Auftritten sympathisch war. Und er wirkte ernst, konzentriert und körperlich fit. Er wirkte wie einer, der ein Angreifer sein würde. Die richtige Einstellung, denn er hatte keinen Titel, keine Gürtel mehr zu verwalten. Also eine neue, für ihn ungewohnte Situation. Eine Art Stunde Null. Ob ich zuversichtlich war? Schwer zu sagen, da ich seinen Gegner nie kämpfend gesehen hatte.

Hat er Sie berührt?
Sehr. Zumal ja dann sein Gegner seinen umjubelten Auftritt hinlegte, eine Inszenierung, die ganz das Gegenteil darstellte zu der Bescheidenheit, die Klitschko ausstrahlte, der auf jede heroische Geste verzichtete. Ja, das war berührend.

Wird der Kampf zu Recht von vielen als Jahrhundertkampf gefeiert?
Unsinn! Oder besser gesagt: Schwachsinn! Die, die das sagen oder schreiben, haben entweder keine Ahnung oder kein Gedächtnis. Aber wir leben nun mal auf ei-

ner Müllhalde der Superlative. Es war ein spannender Kampf, das ja. Da boxt die Jugend gegen das Alter. Da boxt einer um seine Zukunft, der andere um den Respekt, den er verdient. Nichts bei beiden war vergleichbar. Doch, eines, was sich aber erst nach dem Kampf herausstellte: beide waren anständige, sympathische Kerle, faire Sportler, nicht zu haben für billige und unangebrachte Überheblichkeiten. Aber Jahrhundertkampf? Mit diesem Wort verbinde ich Erinnerungen an viele große, sehr große Kämpfe. Natürlich an die von Ali, der irgendwie auch die Definition dessen geliefert hat, was diesen Superlativ rechtfertigen würde: »Ich habe mit einem Alligator gerungen, mit einem Wal gerauft, dem Blitz Handschellen angelegt und den Donner eingekerkert!« Davon habe ich an dem Abend in London nichts gesehen.

Warum hat Klitschko aus Ihrer Sicht verloren?
Die Frage ist sehr einfach zu beantworten: Weil er in der 6. Runde einen entscheidenden Fehler gemacht hat. Er hatte Joshua am Boden. Er hatte ihn mit einem harten Volltreffer fast erledigt. Ich glaube, ich habe alle Nachbarn aus dem Schlaf geholt mit dem Schrei, den ich ausstieß. Das war, worauf ich gewartet habe, dass Klitschko seine ganzen Kilos in einen einzigen, präzise ausgeführten Schlag legt, dass er das noch draufhat – was, nebenbei gesagt, zur Kunst dieses Sports gehört. Nun gut, Joshua ist, wie man sagt, schwer »angeklingelt«, kommt wieder auf die Beine, aber die Beine sind nicht mehr stabil. Jeder sah, dass der Junge taumelt.

Und was macht Klitschko? Er setzt nicht nach. Er zögert. Das war der Fehler, der entscheidende. Tanzschritte statt Konzentration auf den finalen Treffer. Der nicht kam. Verschlafen, vertan. Sieg verschenkt! Aber war es eine Überraschung? Nein, leider. Klitschko war immer einer gewesen, der nicht genug geschlagen, nicht brutal genug einen Vorteil gesucht und, wenn er ihn sich erarbeitet hatte, zu seinen Gunsten entschieden hat. War es tatsächlich sein Bruder Vitali, der ihm – zu seinem Nachteil, wie sich dann herausstellte – zugerufen haben soll, vorsichtig zu sein? Das war dumm. Und noch etwas war nicht sehr gescheit. Sich nicht darüber klar zu sein, dass ein austrainierter Körper, zumal der eines so jungen Boxers wie Joshua, sich schnell wieder erholt. Klitschkos Versäumnis gab dem Gegner »den zweiten Atem«. Er kam wieder, griff wieder an, trieb Klitschko mehr und mehr in die Defensive. Und haben Sie den Uppercut gesehen, der Klitschko in Runde 5 zu Boden schickte?

Sollte er einen Rückkampf wagen?
Nur das nicht. Nein. Er hat weder die Begabung noch offenbar den Willen, sich an den Abgrund zu begeben, sich durch Schmerzen zu kämpfen, den offenen Schlagabtausch zu suchen. Wo waren bei ihm die drei, vier Schläge in Folge, die Kopf-Körper-Kombinationen, der Uppercut? Wo waren all die Mittel, die einem Boxer zur Verfügung stehen – und den Geist, falls vorhanden, eines Gegners verwirren, einschüchtern? Klitschko wurde ja nach dem Kampf nicht nur von dem netten

Joshua, sondern auch von den Kommentatoren mit Komplimenten bedacht. Ich glaube, die Leute, auch die Fachleute waren erleichtert, dass es für ihn noch halbwegs glimpflich ausgegangen ist. Es hätte schlimmer kommen können, als aus dem Kampf genommen zu werden. Er sollte es gut sein lassen. Auch ein Rückkampf hätte eine Runde 5. Aber noch eine Runde 6?

Sehen Sie in Joshua auch einen neuen Ali?
Nein! Und was den Vergleich betrifft, nur soviel: Lasst Ali in Ruhe. Zügelt eure Zungen, wenn ihr seinen Namen nennt. Im übrigen verbietet es der Anstand, Tote zu beleidigen.

(2017)

Ein paar Anmerkungen

Im Dickicht der Fäuste

Leon Spinks wurde berühmt, als er am 15.2.1978 im Hilton in Las Vegas in einem Titelkampf über 15 Runden den haushohen Favoriten Muhammad Ali besiegt hatte. Die Boxwelt hatte ihre Sensation und einen neuen Helden; nicht allzu lange allerdings, denn Ali gewann den Rückkampf – sieben Monate später, am 15.9.1978 im Superdome in New Orleans und wieder über 15 Runden – und holte sich den Titel zurück. Spinks' nächster Kampf, ausgetragen in Monte Carlo gegen den Südafrikaner Gerrie Coetzee, endete mit dem Fiasko einer völlig unerwarteten Niederlage in der 1. Runde. Und nun sollte er, deshalb die Pressekonferenz im Sardi's, wieder aufgebaut werden und dann gegen Larry Holmes antreten; ein Kampf, der zwei Jahre später, am 12.6.1981, in der Joe Louis Arena in Detroit stattfand – und mit einer Niederlage für Spinks in der 3. Runde endete. Es ging danach mit Spinks weiter mehr ab als auf, bis er 1995 nach einer Niederlage (gegen Fred Houpe) die Handschuhe endgültig an den Nagel hängte.

Die weiße Hoffnung

Der Kampf Gerry Cooney vs. Larry Holmes fand am 11.6.1982 im Caesar's Palace in Las Vegas/Nevada statt. Die weiße Hoffnung verlor durch TKO in der

13. Runde, nachdem Cooney bereits in der 12. Runde zu Boden mußte.

Danke, Schmeling

Am 2.2.2005 starb Max Schmeling, 99jährig, in seinem Haus in Hollenstedt.

Documenta Boxing

Die Documenta IX fand 1992 in Kassel statt.

Der Weltmeister, mein Friseur und ich

Der Kampf Henry Maske vs. Iran »The Blade« Barkley fand am 8.10.1994 in Halle/Westfalen statt. Das Urteil: TKO in der 9. Runde. Sieger Maske.

Der Kampf Henry Maske vs. Egerton Marcus fand am 11.2.95 in der Festhalle in Frankfurt am Main statt. Das Urteil: einstimmiger Punktsieg für Maske. Es war dieser Kampf ein Rematch, denn die beiden hatten sich, allerdings im Mittelgewicht, schon einmal gegenübergestanden: im Finale des olympischen Boxturniers 1988, wobei Maske auch damals siegte und die Goldmedaille gewann.

Gut so, die Welt bleibt ungerecht!

Der Kampf Henry Maske vs. Graciano »Rocky« Rocchigiani fand am 27.5.1995 in der Dortmunder Westfalenhalle statt. Das (umstrittene) Urteil: Punktsieger Maske.

Vom Triumph einer Niederlage

Der Kampf George Foreman vs. Axel Schulz fand am 22. 4. 1995 im MGM-Hotel in Las Vegas statt. Das (umstrittene) Urteil: Punktsieger Foreman.

The Thrilla of Manila

Der Kampf Muhammad Ali vs. Joe Frazier (der als einer der größten Fights in die Boxgeschichte eingegangen ist) fand am 1. 10. 1975 in Manila / Philippinen statt. Das Urteil: TKO in der 14. Runde. Sieger Ali.

Die Nacht, als Henry Maske gegen Virgil Hill boxte

Der Kampf fand am 23. 11. 1996 in München in der Olympiahalle statt – und endete mit einem 2:1-Punktsieg zugunsten von Hill. Maske hatte damit, nach insgesamt 31 Profikämpfen, seinen Weltmeistertitel verloren und gab noch im Ring seinen Rücktritt bekannt.

Warum Amerika, Herr Grupe?

Norbert Grupe, der die letzten Jahre in Kalifornien lebte, starb 2004 in Mexiko.

Warum ist Boxen so oft Schiebung, Herr Bergmann?

Siegfried Bergmann, Jahrgang 1938, war dreißig Jahre lang Redakteur beim Österreichischen Fernsehen ORF. Er ist promovierter Historiker und gelernter Opernsänger. Von 1968 bis 2000 kommentierte er für den ORF mehr als dreitausend Boxkämpfe.

Mike Tyson

Der Kampf fand am 16.1.1999 im MGM Grand in Las Vegas statt, und in den ersten Runden sah es nicht gut aus für Tyson. Botha führte klar nach Punkten, wurde dann aber, vom Gefühl seiner Überlegenheit wohl selbst überrascht, überheblich, er provozierte seinen Gegner, ließ die Deckung fallen – und wurde in der 5. Runde von Tyson ausgeknockt. Aber man sah trotzdem, daß die Zeit für Tyson abgelaufen war; seine Gegner hatten aufgehört, vor ihm Angst zu haben.

Zum Tode Max Schmelings

1985 feierte Schmeling bei bester Gesundheit seinen 80. Geburstag, über den ich mit einem Auftrag des STERN schreiben sollte. So kam es in Hamburg zu unserer ersten und einzigen Begegnung – siehe dazu das Foto mit ihm (die Vorlage lieferte uns das berühmte Foto des Dichters Bert Brecht mit dem Berufsboxer Paul Samson-Körner, das wir bei dieser Gelegenheit nachstellten) und meinen Artikel »Danke, Schmeling« in diesem Buch. Keine Überraschung war, dass mir nach seinem Tod (fast zwanzig Jahre später) ein paar Fragen gestellt wurden; am 6.2.2005 abgedruckt in der Frankfurter Allgemeinen Sonntagszeitung.

Warum sich Schriftsteller, fragen Sie, für den Boxkampf interessieren?

Ich habe keine Unterlagen darüber, wer mir diese Frage gestellt und ob (und wo) meine Antworten veröffentlicht wurden.

Verbeugung vor dem Krummen

Das Buch: Sigi Bergmann, Orsolics Hansi k. o. Triumphe und Leiden eines Boxers. Wien 2007 (Seifert Verlag), 248 S., 22.90 Euro

Daß es weh tut, muß sein!

Das Buch: Charles Schumann, Hommage an einen Chef. Ein literarisches Gästebuch. Schirmer/Mosel Verlag, 2011

Joe Frazier

Abgedruckt am 7.11.2011 in der Frankfurter Allgemeinen Sonntagszeitung.

Der mit den Fäusten tanzte

Zum 70. Geburtstag von Muhammad Ali, abgedruckt am 15.1.2012 in BILD am SONNTAG.

Eine Erinnerung an Muhammad Ali

Anfrage der SZ, veröffentlicht am 6.6.2016

Wer, frage ich mich, wird sich an ihn noch erinnern, wenn die Millionen seiner Fans nicht mehr leben? Schon mein Sohn, Jahrgang 1991, weiß kaum so recht, was er mit diesem Namen anfangen soll. Es war dieser Gedanke, der mich ein ihm gewidmetes Gedicht schreiben und mit folgenden Zeilen beginnen ließ:

> »Wo anfangen?
> Bob Dylan? Wer Bob Dylan war?
> Oder Ali? Muhammad Ali?
> Nie gehört? …«

Die Nacht von London

Am 29.11.2015 wurde Wladimir Klitschko in der Esprit Arena in Düsseldorf als Weltmeister im Schwergewicht von dem Briten Tyson Fury entthront. Ein vertraglich vereinbarter Rückkampf fand nie statt, weil Fury, der eben erst gekürte neue Champion, alle Gürtel (im Zustand verminderter Zurechnungsfähigkeit?) kampflos abgegeben hatte. So kam es dann am 29.4.2017 im Londoner Wembley-Stadion mit Klitschko als Herausforderer gegen den amtierenden IBF-Weltmeister Anthony Joshua zur »Nacht von London«. Nach seiner Niederlage hängte Wladimir Klitschko die Handschuhe an den Nagel.

Und Tyson Fury, jetzt unter dem Kampfnamen The Gypsy King, legte wieder los. Und kehrte am 22.2.2020 in Las Vegas auf den Thron des Boxweltmeisters im Schwergewicht (Version WBC) zurück, TKO in der 7. Runde über Deontay Wilder; er ist nach 31 Kämpfen (Datum: Februar 2021) noch immer ungeschlagen.

Inhalt

Glück ist ein Raubtier

Als der Krieg zu Ende ist, müssen Gustav Bergers Eltern stumm und hilflos zusehen, wie ihr Sohn eine Halbweltkarriere beginnt, die ihn zunächst in ein Erziehungsheim, dann vor Gericht und schließlich hinter Gitter bringt. Jahre später hat Gustav seine Lektion gelernt, aber er bleibt ein Rastloser – einer, der auf St. Pauli das große Geld macht und dem doch immer schmerzlich bewusst ist, was für Geld nicht zu haben ist; einer, der stets unterwegs ist und nie vergessen kann, woher er kommt. Ein Getriebener, der erst auf einem anderen Kontinent jene Frau findet, die sein Leben verändert und vielleicht auch ihn.

»Ein eindrucksvolles Buch über das Leben auf der Überholspur, über Gewalt und Zärtlichkeit, über Hass und Liebe. Eine lakonische Chronik einer kriminellen Karriere. Fast wie ein Schwarzweißfilm.« *Der Tagesspiegel*

Wolf Wondratschek
Einer von der Straße
Roman

Taschenbuch
Auch als E-Book erhältlich
www.ullstein.de

ullstein